Auxiliando a humanidade a encontrar a Verdade

Causos de Umbanda
A PSICOLOGIA DOS PRETOS VELHOS

Vovó Benta

Causos de Umbanda
A psicologia dos pretos velhos

DIVINA LUZ

© 2006 Leni W. Saviscki

CASOS DE UMBANDA
A psicologia dos pretos velhos
vovó Benta (espírito)

Todos os direitos desta edição reservados à
CONHECIMENTO EDITORIAL LTDA.
Rua Prof. Paulo Chaves, 276
CEP 13485-150 - Limeira - SP
Fone/Fax: 19 3451-0143
home page: www.edconhecimento.com.br
e-mail: conhecimento@edconhecimento.com.br

Nos termos da lei que resguarda os direitos autorais, é proibida a reprodução total ou parcial, de qualquer forma ou por qualquer meio — eletrônico ou mecânico, inclusive por processos xerográficos, de fotocópia e de gravação — sem permissão, por escrito, do Editor.

Preparação
Meiry Ane Agnese
Revisão
Mariléa de Castro
Capa e projeto gráfico
Sérgio F. Carvalho
Foto da capa

ISBN 85-7618-103-7
1ª EDIÇÃO — 2006

Produzido no Departamento Gráfico da
CONHECIMENTO EDITORIAL LTDA
Rua Prof. Paulo Chaves, 276 - CEP 13485-150
Fone/Fax: 19 3451-5440 - Limeira - SP
grafica@edconhecimento.com.br

Dados Internacionais de Catalogação na Publicação (CIP)
(Câmara Brasileira do Livro, SP, Brasil)

Benta, Vovó (Espírito)
Casos de umbanda - A psicologia dos pretos velhos / Vovó Benta — 1ª. ed. —, Limeira, SP: Editora do Conhecimento, 2006.

"Obra mediúnica narrada pelo espírito Vovó Benta a médium Leni W. Saviscki"
ISBN 85-7618-103-7
1. Umbanda 2. Psicografia I. Saviscki, Leni W. II Título.
06-4639   CDD — 299.672

Índice para catálogo sistemático:
1. Mensagens mediúnicas psicografadas dos Pretos Velhos : Umbanda : Religião 299.672
2. Preto Velhos : Psicologia : Mensagens mediúnicaas psicografadas : Umbanda : Religião 299.672

Vovó Benta

Causos de Umbanda
A psicologia dos pretos velhos

Obra mediúnica
narrada pelo espírito
Vovó Benta a médium
Leni W. Saviscki

1ª edição - 2006

O templo de Deus é no interior de cada um, pois o homem verdadeiramente espiritualizado é um templo permanente onde se abriga o invisível Supremo Senhor do Universo.

BABAJIANANDA (PAI TOMÉ)

Agradecimentos

Ao terminar de escrever estas páginas, agradeço especialmente ao irmão Norberto Peixoto, de quem tenho recebido ensinamentos valiosos, bem como todo incentivo para que possa vencer minhas limitações em relação à mediunidade,
À amiga, irmã e companheira de todas as horas, além de exemplo de altivez e caráter, Alzira Zambonato.
Ao irmão e amigo de tantas eras, Luis Marcelo Marquesin, pelas horas dedicadas em valiosa ajuda e por todo o incentivo recebido.
À Sociedade Fraternal Cantinho da Luz – exemplo de universalismo –, casa que me acolhe como médium, dando-me oportunidade de trabalho.
Ao meu filho Airton Rafael, um presente que recebi de Deus nesta encarnação.

LENI W. SAVISCKI

Sumário

Prefácio 13
Apresentação 17
Palavras de vovó Benta 19
Preto velho 22
Dona Lilica, a benzedeira 23
A essência em detrimento das formas 26
Dirigir ou direcionar 32
A vida é uma dádiva 36
Enquanto houver amor 40
Nem início, nem fim – apenas um meio 45
O pote de ouro 48
O amor – Definição de um preto velho 52
Papagaio come milho, periquito leva a fama 55
Encosto? 59
Cosme e Damião 63
À procura de uma resposta 66
Deus escreve certo por linhas tortas 70
As armas não matam 75
Julgando atitudes 80
O respeito à fé alheia 84
Drágeas de amor e cápsulas de perdão 88
O perdão não tem contra-indicação 92

Nos bastidores da alma 96
O que arde cura, o que aperta segura 100
Quem planta vento colhe tempestade 104
Brilho para os olhos e peso para o espírito 109
Oferenda de encruzilhada 113
Tudo é para o bem 117
Bendito é o fruto de vosso ventre 120
Fora da caridade não há salvação 124
Senzala no Céu? 127
Dois pesos e duas medidas 131
Ressonância do passado 136
Quem procura acha 142
Machadinha de Xangô 146
Um pai velho 150
A imagem 153
O olhar de Jesus 157
Auxiliadora era seu nome 160
Ambrósio 165
Reencontro 168
Padre José 171
Liberdade 175
Resgate 179
Soberba 181

Prefácio

Salve Leni!

É com um sentimento de cumplicidade que prefacio esta obra. A Leni é velha conhecida e amiga de um passado remoto. Levada pelas circunstâncias a fundar um templo de umbanda, é responsável pelo desenvolvimento mediúnico de um grupo, zelando por todos os trabalhos espirituais, o que nos usos e costumes da umbanda, quem está nesta condição tem outorga e ordens de trabalho dos orixás que não nos cabe questionar, e sim reconhecer.

Reflito sobre a antiguidade de nossos atos, que faz reverberar, pela atemporalidade dos espíritos, a necessidade de nos ajustarmos nesta encarnação pelo uso adequado do canal mediunidade. Percebo que tivemos diversas vidas em comum, eu e a Leni, usando a capacidade mental e a inteligência para dominar consciências em favor de nossa própria bonança, desequilibrando pesadamente a balança da Lei Universal. Com certeza fomos ex magos, cabalistas, feiticeiros, alquimistas, sacerdotes, religiosos. Nos favorecemos por demais no magismo negativo e o mediunismo de hoje é, talvez, a última oportunidade para não sermos removidos a "fórceps" para um planeta inferior à Terra.

Neste momento, sinto o pensamento e a vibração de Ramatís e Vovó Maria Conga, e sem precisar estar incorporado e nem os amigos espirituais se apropriarem de um corpo astral para me impressionarem os sentidos, plenamente consciente e discernindo os pensamentos que me chegam, que não são meus, das minhas próprias idéias, esvazio a mente, expando minha capacidade psíquica e capto a seguinte mensagem:

" - Assim como o carrapato percebe o boi sendo um pedaço de couro, de onde saem pêlos e onde ele enfia a sua tromba para sugar o sangue que o alimenta, a grande maioria que adentra nos terreiros de umbanda não os enxergam em sua plenitude, cegos que só se preocupam em se beneficiar com o canal mediunidade, tendo suas mentes cheias das preocupações do dia-a-dia. Querem se refestelar sugando a energia dos médiuns, guias e protetores, arrumar namoradas, conseguir empregos, tirar inimigos do caminho. Prontificam-se, para o escambo com o plano oculto, a fazerem oferendas descabidas em centros de práticas mágicas populares, ceifando este ou aquele animal, pagando a mão e a força mental do sacerdote que movimenta a faca afiada para o corte fatídico, não diferente da tromba do carrapato que suga a vitalidade do boi para a sua engorda. Vós, que sois medianeiros na seara umbandista, com Jesus, que tendes a oportunidade de reequilíbrio diante de vossos atos insanos do passado, lembrai-vos sempre que sois o canal que vitaliza a Divina Luz na Terra, estandarte que a conduz para os antros de escuridão, trevas e ranger de dentes, neste importante momento planetário. Ao lerdes os causos de Vó Benta, absorvei-os com sofreguidão, pois são refrigério para as almas e tocam profundamente nos espíritos, eis que estão enfeixados vibratoriamente com o manto sagrado do Divino Mestre, irradiados pelo raio cósmico do Cristo que fortalece a umbanda na atualidade."

Vem chegando Vovó Benta
Benzedeira de Aruanda
Com seu galhinho de Arruda
Vem benzer filho de Umbanda....

"Vó Benta, no passado negra esbelta, de sorriso sorrateiro e conquistador, de requebrado insinuante, que andava pelo casarão deixando no ar o cheiro do manjericão, hoje se apresenta como idosa alquebrada, de fala mansa, humilde e sem gostar de fazer alarde, trabalhando no seu aparelhinho aquilo que ele necessita para a sua evolução, ao mesmo tempo auferindo dele os veículos inferiores que não tem mais, pesados fardos que aguilhoam os espíritos na Terra, mas que por sabedoria divina, pois nada se perde, tudo se transforma e se completa no cosmo, servem de instrumentação a essa benfeitora espiritual para que juntos, guia e médium, possam adentrar as regiões de sofrimentos e contribuírem ativamente para a tão necessária mudança vibratória das zonas umbralinas e do planeta azul como um todo."

Diante dos dizeres do lado de lá, só me resta agradecer, como sempre faço, a oportunidade de servir.

Um grande saravá a todos os leitores e que a Leni nos brinde com outros livros através da psicografia.

Porto Alegre, 12 de fevereiro de 2005.

Norberto Peixoto

Apresentação

Atualmente, no mundo conturbado em que vivemos, o alento de uma conversa, de um aperto de mão ou de uma reza às vezes substitui um remédio na vida das pessoas. Vivemos num mundo moderno onde quase tudo é permitido e quase nada é compreendido; as pessoas têm pressa e, por isso, correm muito, sem, contudo, saber talvez para aonde vão. Essas pessoas, em sua maioria, estão doentes, nem tanto fisicamente, mas emocionalmente. Carências afloram e, por vezes, destrambelham-se; ressonâncias são armazenadas nos porões do inconsciente e, por urgir a evolução dos espíritos terrenos, são acionadas por mecanismos desconhecidos pela Ciência humana. Doenças modernas como depressão, síndrome do pânico, despertam a procura por "anti" qualquer coisa ou "anti" tudo; esta é a receita comprada na farmácia que pode acalmar a somatização física, mas que não consegue curar o que está latente no íntimo das almas.

É nesse incrível mundo moderno que os profissionais do psiquismo humano deveriam atuar com mais proveito, se conhecessem o espírito imortal ou admitissem sua existência, bem como das múltiplas existências carnais a que esse espírito está sujeito. Na falta desse entendimento, medicam.

Os pretos velhos, almas que estiveram ou ainda estão na

roda das reencarnações, com experiência nas atribulações da matéria, atuam como conhecedores do psiquismo humano, além de serem alquimistas adestrados no magismo.

De maneira simplista, mas direta, os pretos velhos atendem a todos que os procuram quando estão incorporados em seus médiuns, seja no terreiro de umbanda ou em qualquer templo onde se dê abertura à descida dessa energia. Ensinando chazinhos, benzeduras, rezas ou simplesmente aconselhando, atuam na caridade seja a quem for, instigando a mudança interior de cada filho, sem a pretensão de dar receita pronta. Doutores ou analfabetos, quando diante de um preto velho, percebem que são tão somente filhos do mesmo Deus.

Ser medianeiro desses espíritos deixa de ser resgate, passa a ser privilégio. É assim que nos sentimos, privilegiados ao poder repassar aquilo que a preta velha vovó Benta,[1] amada protetora, nos ensina.

As páginas a seguir estão longe de ser uma "obra literária". O que escrevemos são conselhos simples, mas sábios, e cujos méritos são todos de vovó Benta. A nós ficam os erros de escrita e as deficiências em captar a mensagem pela limitação em que ainda nos encontramos.

Salve os pretos velhos!

Erechim, RS,
janeiro de 2006,
Leni W. Saviscki

---

[1] Os causos de vovó Benta já tiveram sua introdução no capítulo "Psicologia de preto velho" do livro *A Missão da Umbanda*, psicografia de Norberto Peixoto, editado pela **EDITORA DO CONHECIMENTO**.

Introdução

Esta negra velha, arqueada pelos percalços da caminhada, assim como todos vocês que se escondem dentro da carcaça física, já errou muito. Deus Pai magnânimo dá a todos diversas oportunidades, mas nem sempre sabemos usá-las adequadamente. Em épocas remotas, esta negra afundou-se no mar das ilusões, quando lhe foi oportunizado subir um degrau na escala evolutiva pelo aprendizado da manipulação dos elementos. As mãos escureceram a magia e, com elas, a negra velha levou a dor. Foi preciso muita "chicotada" dos feitores da vida para reaprender que no Universo tudo reage de acordo com nossa ação.

Depois de admitir os erros e retornar à obediência às Leis Maiores, tornamo-nos mais maduros, pois queremos crer que o homem erra mais por ignorância que por maldade.

A maturidade mostrou à negra, no caminho de volta, que havia um mal a ser corrigido e que essa tarefa pertencia exclusivamente a ela. Deus colocou então uma encarnação, entre outras, (incluindo nelas uma na escravidão negra) em que a orfandade levou-a um lar de freiras católicas, amorosas almas que, sem parir de seus ventres, eram verdadeiras mães recebendo os filhos do mundo para criar, fazendo isso dando não só o pão para o sustento do corpo, mas também e sobretudo o maior alimento, que é o do espírito. Com elas foi possível aprender sobre o amor infindável e inigualável do Pai, descrito por Nosso Senhor Jesus Cristo, que elas passavam quando contavam as historinhas infantis. Assim, envolvida nessa aura de intensa luz do ambiente, seria impossível para uma criança que só recebe amor e bons ensinamentos não mudar as tendências negativas.

O tempo passou, e a negra se deparou curando doentes, sob a própria vontade e força mental. Fugiu disso enquanto pôde, pois em sua inconsciência latejava o medo de errar novamente.

Um dia, enquanto o corpo dormia, a negra foi levada pelo benfeitor espiritual, em desdobramento consciente, até um local de muita luz. Lá, juntamente com antigos companheiros, assistiu a algumas cenas impressas na tela holográfica universal, onde eram mostrados episódios da passagem do Divino Mestre pela Terra. Salientando a Sua maneira amorosa e sábia na manipulação dos elementos em favor das curas e em benefício aos homens de fé, era elucidada quanto ao compromisso de seguir Seus passos, independentemente de ter se desviado da rota ao longo do caminho.

Desse dia em diante, a negra se comprometeu com ela mesma e com o Criador a usar a magia somente para o benefício da humanidade e para servir ensinando. Escolheu a roupagem de preta velha, imprimindo na transfiguração astral um pouco de cada encarnação onde obteve os maiores aprendizados, por entender que dentro dessa vibratória a caridade alcança maior abrangência.

Não importa a questão hierárquica ou a identificação de a qual Escola ou Fraternidade ela se liga hoje no astral. Importa sim a identificação como espírito necessitado de evolução e, para tanto, que busca o trabalho redentor da caridade como caminho. Assim, seja sentada no toco do terreiro fazendo as benzeduras, para tanto arqueando o instrumento, seja exercendo a capacidade intelectual de ditar "causos" na modernidade da informática, é vontade da preta velha auxiliar os irmãos de caminhada e ela precisa disso.

O nome adotado não impressiona, pois não é esse o sentido. O linguajar não é aprumado, pois o que importa é a essência

da mensagem e o alcance que ela pode ter, não nos ouvidos dos filhos, mas em seus corações.
Que o Supremo Criador nos ampare a todos!
Salve os sagrados Orixás!
Saravá aos filhos de meu coração!

Vovó Benta

Pretos velhos ou pais velhos

São assim chamados os espíritos que trabalham na Umbanda, pela vibratória de Yorimá. Também chamada vibração dos anciões, atua no chacra básico que se localiza no final da coluna vertebral. Por esse motivo, na mecânica de incorporação, os aparelhos se curvam, parecendo velhos. Esse chacra, uma vez ativado, provoca no aparelho uma lassidão que se exterioriza em voz pausada, cansada.

A vestimenta astral de preto velho independe da origem ancestral do espírito, e, dentro dessa linha, encontram-se desde o antigo negro escravo até renomados homens da ciência que viveram e trabalharam na crosta terrestre.

São exímios manipuladores das energias, verdadeiros magos brancos, cuja característica de manifestação são os conselhos, priorizando sempre a reforma íntima dos seres.

Geralmente gostam de trabalhar manipulando os elementos, por isso usam cachimbo ou cigarro de palha, vela acesa, galho verde e outros apetrechos, plenamente dispensáveis quando assim o querem, uma vez que sabem usar com destreza a energia mental.

Dona Lilica, a benzedeira

Ao nascer, sua mãe jurava que ela não vingaria. Menina frágil, apática, aos dez anos mais parecia ter sete. Quieta, calma, vivia a cantarolar e gostava de rezar. Era comum vê-la sentada debaixo da goiabeira, nos fundos da casinha humilde onde morava, falando sozinha.

Certo dia, dona Maricota a surpreendeu benzendo uma galinha que fora jogada no valo para morrer porque estava adoentada. A menina tinha um galho de arruda nas mãos. Dona Maricota xingou-a, mas ela, sorrindo, falou:

– Mainha, amanhã Chiquinha vai botar ovo.

Dito e feito. Apesar da tempestade que durara toda a noite, pela manhã a galinha aninhou-se e botou um ovo.

Com a idade lhe enrugando a face e sem importar-se em construir família, Lilica viu seu pai, sua mãe e dois irmãos partirem desta vida. Benzedeira afamada, acomodou-se num rancho que se deteriorava e, acostumada com "companhias" que só ela enxergava, fazia de seu dia um eterno servir. Filas às vezes se formavam, e ela, sempre a sorrir, tinha um chazinho, uma beberagem, uma reza para todos.

Não raras vezes as mães saíam da missa de batizado de seus rebentos e não voltavam para casa sem antes passar pela

casa de dona Lilica para pegar o benzimento das brasas que tirava mau-olhado e quebranto.[1] Até animais ela benzia, e eles se curvam. Buscavam-na para benzer casa, galpão, roça...
Mesmo em noites de geada, ela acendia seu lampião a querosene e saía à procura de ervas para a mãezinha que entrava em trabalho de parto. Sem contar as noites em claro a segurar a mão do agonizante que temia a morte, mas que adquiria forças com dona Lilica ao seu lado.

Mãe de ninguém, pois filhos não tivera, seu coração adotou a vila, a cidade e a roça. Famílias beneficiadas levavam seu nome e suas simpatias para além das fronteiras de seu vilarejo.

A idade, no entanto, não a poupou, e, sendo ela avisada pela "imagem" com que estava acostumada a conviver e que julgava ser de Nossa Senhora que sua hora havia chegado, sorriu e disse:

– Desde que para onde eu vá tenha um pé de erva-verde, uma fonte de água e a tua imagem, minha Santa Mãe, pode me levar contigo.

Após dias sem encontrar dona Lilica em casa, os vizinhos resolveram arrombar a porta, e foi grande o susto ao achar seu corpo "dormindo" tranqüilo, já sem vida. Havia poucas pessoas no velório, um monte de terra sobre o corpo e algumas flores da beira da estrada sobre tudo; foi o que restou de dona Lilica aqui na Terra. Nem missa mandaram rezar, pois isso implicaria pagar, e ela não deixara bens.

Do lado espiritual, dona Lilica acordou sentindo-se jovem naquele dia. Havia sol, e tudo era mais bonito. Abriu a janela e, orando aos Céus, pediu ao Pai para que não permitisse que ela fosse ali proibida de benzer. Fechou os olhos e viu-se transportar para um lugar que mais parecia um hospital, onde a dor, o gemido e o mau cheiro imperavam. Perto do portão havia um pé de perfumada erva e, aos pés da Virgem, uma fonte de água

---

1 Mau-olhado: "Conseqüência da projeção do raio vermelho de natureza primária e penetrante, o qual resulta principalmente do acúmulo de fluidos nocivos em torno da região ocular de certas criaturas. É uma condensação mórbida que se acentua na área da visão perispiritual, produzindo uma carga tão aniquilante ou ofensiva conforme o potencial e o tempo de fluidos enfermiços acumulados". RAMATIS. *Magia de Redenção*. Psicografia de Hercílio Mães. Limeira: **EDITORA DO CONHECIMENTO**.

cristalina. Uma luz reascendeu a vida em seu olhar, e dona Lilica sabia o serviço a fazer. Levando suas rezas de leito em leito, iluminada pela sabedoria da bondade, ela aliviou naquele local as dores de muitos, por longos anos.

Em seu túmulo, flores renasciam a cada dia, e, em seu casebre, há quem diga ver a imagem da Virgem regando as ervas que crescem a olhos vistos. Procissão de gente humilde se faz para rezar e pedir milagres[2] para a alma de dona Lilica, que durante o dia socorre no plano espiritual e, à noite, desce para atender aos pedidos de benzimento para as crianças, as casas, os doentes, os animais e as roças.

"Na humildade, na simplicidade e na doação está o verdadeiro milagre. Na fé, na esperança e no amor está a luz que traz à Terra os espíritos iluminados que realizam em nós os milagres que Deus nos permite receber."

Hoje, dona Lilica, com um galho de erva-cheirosa na orelha, abençoa-vos em nome do Pai, do Filho e da vossa fé. Amém.

Nota da médium: Esta história foi recebida em 1996, em mesa kardecista, durante o Evangelho de domingo, e foi a primeira manifestação da protetora, que mais tarde se apresentou como a preta velha vovó Benta.

---

2 "(...) os lugares onde sepultam criaturas de elevada estirpe espiritual ficam impregnados de uma aura vitalizante ou energismo terapêutico capaz de curar certos doentes mais sensíveis." Ramatis. *Elucidações do Além*. Psicografia de Hercílio Mães. Limeira: **EDITORA DO CONHECIMENTO**.

A essência em detrimento das formas

Dona Margarida era uma senhora que já passava dos sessenta anos de idade, embora seu dinamismo não demonstrasse, aparentando ser muito mais jovem. Sempre alegre, disposta e conversadeira, era conhecida e querida por todos do bairro onde morava. Parteira aposentada, trabalhara como enfermeira num hospital público por muitos anos e vivia modestamente fazendo um trabalho voluntário na creche perto de sua casa. Nunca havia parido, mas considerava-se meio-mãe de quase uma centena de crianças.

    Certo dia, observando, da janela de sua casa, a meninada brincar na rua, percebeu que uma senhora distinta e desconhecida, ao chegar próximo de seu portão, benzeu-se com o sinal-da-cruz e atravessou a rua rapidamente. Estranhou o gesto e até desceu a rua para verificar se havia algo estranho por ali, nada observando. Curiosa, perguntou a um dos meninos se conhecia aquela senhora, e foi informada de que se tratava de moradora nova do bairro. Ainda segundo o menino, soube que era uma carola da igreja.

    Dona Margarida, em sua simplicidade, não deu mais importância ao fato, até o dia em que, entrando na quitanda de seu Zé, encontrou-se com a senhora e pôde perceber seu mal-estar com sua presença. A mulher rapidamente deu-lhe as costas e outra vez fez o sinal-da-cruz disfarçadamente. Foi impossível não se sentir embaraçada com aquilo, e, quando ela saiu, comentou com seu Zé e foi informada:

– Seu nome é Eleonora, professora aposentada. Hoje ela se dedica em tempo integral à Igreja Católica, coordenando vários setores dos trabalhos prestados nas capelas. Comentou com minha esposa que fez um levantamento aqui em nosso bairro para avaliar o número de famílias católicas. Vai cadastrar todas e fazer apelo para que compareçam à missa todos os domingos, além de pedir que se desvinculem das visitações ao Centro de Umbanda a que estão acostumados, pois, segundo ela, "é prática primitiva e perdição dos cristãos".

Estava explicado! Dona Margarida era a dirigente do terreiro de Umbanda onde as pessoas buscavam ajuda, não importando a religião que seguiam. Um misto de tristeza e pena foi o que passou pelo coração de dona Margarida, mas, como não sabia guardar mágoas, logo esqueceu.

Em tantas outras ocasiões aconteceram encontros inevitáveis entre Eleonora e pessoas que moravam perto de dona Margarida. Voltava a se repetir o mesmo embaraço. Muitos comentários chegavam até os ouvidos de dona Margarida sobre os sermões dominicais, quando o tema "Umbanda" era abordado e os fiéis eram alertados sobre o perigo daquela prática – segundo eles, demoníaca. Dona Margarida também soube que a senhora católica havia passado para os moradores do bairro um abaixo-assinado que ela apresentaria posteriormente à Prefeitura Municipal, pedindo o fechamento do centro de umbanda, alegando que o som dos atabaques e a cantoria até tarde da noite incomodavam os vizinhos, além de alegar que os freqüentes "despachos" nas esquinas eram um "perigo iminente à população", ocasionado pelos umbandistas.

Querendo ou não, dona Margarida estava se abatendo com todos os rumores; afinal, sempre vivera-se em paz naquele lugar, independentemente do credo religioso, da cor da pele ou da condição socioeconômica dos moradores. Por isso, naquela noite, após o atendimento ao público no terreiro, vovó Catarina,

a preta velha protetora de dona Margarida, reuniu a corrente de médiuns e se manifestou:
– Saravá aos filhos de fé! A preta velha e os outros manos que aqui vêm prestar a caridade estão observando que os filhos andam preocupados com os acontecimentos. Embora não estejamos mais na época da escravidão negra, ainda as sombras insistem em escurecer o coração de algumas criaturas que são instigadas a escravizar outras, segundo sua vontade e seu poder. Enquanto existir a ignorância em lugar da busca do conhecimento e enquanto o egoísmo ocupar o lugar destinado ao amor no coração das pessoas, existirão portas abertas por onde as trevas se infiltram para desarmonizar o mundo. Os escravos, para exercer seu culto aos Orixás, precisaram enganar os senhores com o sincretismo. Hoje existe a liberdade de crença, de culto, mas existem as leis dos homens, que precisam e devem ser respeitadas. Por isso, esta preta velha vem pedir aos filhos que respeitem a lei do silêncio e retirem os atabaques do terreiro.

O pedido da preta velha caiu como algo fúnebre sobre a corrente, levando alguns a argumentar:
– Minha mãe, com todo respeito, nosso trabalho vai ficar descaracterizado!
– O filho sabe que não é o som dos atabaques que deixa a caridade que aqui é prestada mais ou menos eficiente ou agradável aos olhos do grande Pai Zambi. Da mesma forma que a altura com que são cantados os pontos não interfere na qualidade do trabalho efetuado, mas sim e apenas o amor e a dedicação que os filhos derramam de seus corações. São apenas costumes que podem ser mudados, e, se aos olhos do mundo lá fora é isso que incomoda, de nada custa cortar os galhos, se são eles que incomodam a janela do vizinho, antes de ter que sacrificar a árvore inteira.
– Eles estão sendo injustos conosco, minha mãe. Acusaram-nos de efetuar despachos nas esquinas, e a senhora sabe que isso não faz parte de nosso culto.
– O filho referiu-se ao termo certo: injustiça. Se nada devem, nada temam. O tempo se encarrega de mostrar a verdade. Por isso os manos da espiritualidade que baixam suas

vibrações para virem até o terreiro aqui na crosta prestar a caridade,insistem seguidamente com a corrente para que estudem e se atualizem, evitando falsas crenças, procurando fazer da amada Umbanda "uma banda só", evitando muitos ritos inúteis e misturas confundíveis e desnecessárias. É preciso que todos os umbandistas procurem entender que a magia é mental e que os materiais usados apenas catalisam as energias, sendo necessários somente enquanto as mentes acostumadas ao fenômeno físico ainda não estiverem adestradas. Que se deixe de confundir "oferendas" que não têm nada de ofensivo às pessoas, nem ao sítio sagrado da natureza, com os despachos que causam mal-estar aos transeuntes de vossas cidades e que deixam espalhados materiais perigosos como vidros quebrados, além da exposição de animais em decomposição, quando não, de bonecos alfinetados, nada agradáveis aos sentidos da visão e do olfato. Por que então não substituir o tão agradável som dos atabaques pelo som de uma leitura instrutiva e evangelizadora aos consulentes e à corrente mediúnica? Quem sabe é hora de os filhos pensarem na formação de uma escolinha aos pequenos, ensinando-lhes sobre a realidade da umbanda, renascida em solo brasileiro, mas de origem ancestral, de maneira a esclarecer os espíritos desde cedo e, assim, desmistificar a visão distorcida desse culto sagrado. Nada como esclarecer, como ensinar para que se desfaçam os equívocos. Já passou o tempo em que apenas a fé, mesmo irracional, bastava. O mundo evoluiu, e é preciso que tudo e todos se ajustem a esse processo. Prova disso está na tirania que se exerce sobre mentes desavisadas, que, condicionadas a uma fé irracional e milagreira, entregam tudo o que possuem a certos pastores de religiões que se dizem cristãs. É preciso discernimento do médium que trabalha na magia, pois ela é uma faca de dois gumes. Os necessitados que batem à porta do terreiro, se esclarecidos sobre a parte que lhes cabe nas mudanças de atitude, deixarão de mistificar a Umbanda como a "milagreira das horas de apuro" e passarão a respeitar o culto como ele merece ser respeitado. Se mentem, cabe aos filhos desmentir com atitudes justas, nunca com revides. A umbanda hoje, meus filhos, pela vibratória de Xangô, atua em vosso mundo de forma instigante, para que se exerça a justiça em todos os setores da sociedade. Nada temam, não enfraqueçam vossa fé e fiquem alerta para a verdadeira caridade, nunca julgando quem quer que seja. "Todos" que aqui aportarem deverão ser atendidos com amor e respeito.

Embora atentos, talvez nem todos entenderam a última frase de vovó Catarina.

Naquele terreiro, a partir daquela noite, calou-se o som dos atabaques. Demorou um tempo até que os médiuns se acostumassem com aquilo. Mas, diante de várias tarefas a que se ligaram, como a fundação Escolinha de Umbanda Cosme e Damião, onde havia curso para os pequenos e para os adolescentes, além do estudo mensal da corrente mediúnica e das palestras esclarecedoras para os consulentes, pouco tempo restou para chorar o leite derramado. Como bem dizia vovó Catarina, "mente ocupada no serviço da caridade é ferramenta afiada, e preta velha gosta de cortar mironga com ela ... eh eh".

Os ânimos haviam se acalmado, e dona Margarida estava se acostumando com o benzimento costumeiro da beata, sempre que o acaso as levava a se encontrar. A conselho da preta velha, cumprimentava Eleonora educadamente e mentalmente a abençoava. Certa manhã, ao chegar à quitanda, percebeu certo tumulto que se fazia lá dentro. Logo verificou que alguém se debatia no chão, acometido de aparente ataque epiléptico. Chegando mais perto, viu ser dona Eleonora. Sem demora, tomou providências, afastando as pessoas que, assustadas, em vez de ajudar, sufocavam-na. fechando um círculo ao seu redor. Dona Margarida sabia como lidar com a situação por causa de seus longos anos de dedicação à enfermagem. Arregaçou então suas mangas, abriu a gola apertada da camisa da vítima, rasgou um pedaço de tecido de sua própria saia e, enrolando-o em seu indicador, salvou Eleonora de asfixiar-se com a própria língua. Fez todos os procedimentos de praxe, e, aos poucos, aquela senhora voltava a si outra vez, sem entender o que havia se passado, agora sendo aconselhada por dona Margarida a procurar imediatamente um médico.

Muito tempo depois desse fato, certa noite, quando os atendimentos já findavam no terreiro e as portas eram fechadas para que a corrente mediúnica pudesse encerrar os trabalhos, uma senhora de óculos escuros e com um lenço amarado na cabeça cobrindo parte da face, tentando claramente disfarçar sua imagem, pedia ao cambono que, por favor, atendessem-na. Foi levada até a frente do Conga, onde vovó Catarina ainda estava incorporada em seu aparelho, esperando-a.

– Nega véia saúda zi fia.

– Estou muito envergonhada. Na verdade, tenho sonhado muito que estou aqui à sua frente e agora vejo que é tudo igual, como no sonho. Estou apavorada, pois andam acontecendo coisas estranhas comigo. Ontem mesmo o padre a quem tenho auxiliado todos estes anos pediu para que me afastasse da igreja, pois acha que estou endemoniada. Por várias vezes, quando as pessoas me procuram para aconselhá-las, eu saio do ar, e dizem que, além de me abaixar como uma velha arqueada, falo diferente, assim como a senhora está falando agora. Dizem que ensino remédios com ervas, banhos de descarrego, que benzo. Quando volto do transe, sinto-me muito bem; nem as dores do reumatismo sinto mais por vários dias. Depois que isso começou a acontecer, nunca mais tive os desmaios. Mas estou triste, pois minha vida é a igreja, e agora fui afastada.

– Eh eh... zi fia. Salve a mana que tá grudada em seu costado!

Por mais de hora, enquanto a corrente, concentrada, cantava baixinho pontos aos Orixás, vovó Catarina esclareceu àquele coração sedento de sabedoria, de entendimento, as coisas do espírito. Falou-lhe sobre sua mediunidade reprimida, sobre caridade, sobre Deus como Pai de todos, sobre Cristo e o que era ser cristão.

Daquele dia em diante, mesmo sem os atabaques naquele terreiro, mais uma voz se juntava quando a corrente louvava os Orixás, dando um tom especial à caridade.

"Saravá pra vovó Catarina,
que é dona da gira do meu terreiro.
Saravá pra vovó Catarina e
todas as almas do cativeiro!"

Dirigir ou direcionar

Por maior que fosse o esforço do dirigente em resolver a situação, ela se prolongava dentro daquela casa de caridade. Duas médiuns criavam problema sério na corrente, sendo a "disputa pelo protetor" o mais recente. A médium mais antiga, cuja protetora era uma caboclinha de Oxóssi, com nome manifestado de Jurema Flecheira, sentia-se ameaçada por uma médium nova que insistia em dizer que estava trabalhando com a mesma entidade. A discussão havia se acalorado de tal forma que gerou ofensas entre elas, obrigando o dirigente a tomar uma atitude drástica; ele pediu para que elas se afastassem da corrente por trinta dias, para que pudessem refletir sobre o ocorrido.

Nesse tempo de afastamento, durante uma gira de preto velho, o dirigente foi chamado a conversar com Pai Joaquim, incorporado no médium mais idoso da casa.

– Nego véio pede vossa permissão pra fazê o falado.

– Salve, meu Pai!

– Como é que os filhos da Terra aprendem a falar quando pequenos?

Mesmo estranhando a pergunta, ele respondeu meio tímido:

– Com os ensinamentos dos pais.

– Certo, filho! Porém, se caso os pais forem mudos ou falarem cada qual uma língua diferente, não acha que isso vai dificultar o ensinamento do pequeno aprendiz?

– Com certeza, meu Pai!

– Nego véio está querendo dizer para o filho que sempre há de ter alguém que ensine para que haja o aprendizado do outro. O filho, como dirigente responsável deste terreiro, está incomodado com aquelas filhas que foram afastadas da corrente, não está?

– É... estou, mas estou ciente de que cumpri meu dever.

– Dever... Pois é isso filho, o dever de corrigir vem depois do dever de ensinar.

A frase dita por Pai Joaquim, com a mansidão que lhe era peculiar, fez com que algo estremecesse em seu íntimo. Abaixou a cabeça e ficou pensativo, enquanto o bondoso preto velho baforava seu cachimbo e batia o pé ao som da curimba.

– O filho, bem como meu aparelho, que é antigo nessa lida, sabe que há muito tempo eu e os manos deste lado da vida insinuamos, sem imposição de nossa parte, para que ensinamentos valiosos retidos como "mistérios sagrados" e em poder de poucos se abram à corrente mediúnica. Se aquelas duas médiuns tivessem sido esclarecidas sobre suas protetoras, se soubessem que não se trata da mesma entidade, mas de entidades que pertencem à mesma falange, maiores transtornos teriam sido evitados. Com isso, preto velho não quer jogar a culpa sobre o filho, pois o que imperou nesse caso foi a vaidade e o orgulho delas, mas quer mostrar a simplicidade com que esse fato poderia ter sido resolvido.

– Meu pai, em todo o tempo que trabalho na Umbanda, os ensinamentos iniciais dos médiuns sempre foram repassados por entidades espirituais.

– Por isso houve tanta distorção, pois, sem o discernimento anímico tão importante, aceita-se o que vem, sem recorrer à razão. Os médiuns iniciantes, mesmo com boa vontade e muito amor, sempre se sentem inseguros. E porque a Umbanda tem uma diversidade grande de entidades e de ritos, acentua-se essa dificuldade de discernimento ou de reconhecimento das incorporações ou irradiações. São como crianças aprendendo a falar, precisam de orientação, de firmação. Largar essa responsabilidade às entidades espirituais pode tornar-se perigoso, porque, na desarmonia, o médium abaixa sua guarda e, sendo canal aberto, sem esclarecimento, pode se deixar enganar. Desse lado da vida também existem impostores.

– Esse "engano" de que me fala não acontece necessariamente "só" com os médiuns iniciantes. Pode ocorrer com os mais velhos. Por exemplo, quem me garante que, aqui, agora, é realmente Pai Joaquim quem se manifesta? – perguntou o dirigente de maneira insinuante, ofendido por não aceitar mudanças em sua maneira de dirigir a casa de caridade.

– Eh... eh..., zi fio! Ninguém pode garantir, ninguém mesmo! Só seu coração.

E, despedindo-se, o preto velho bateu a cabeça no congá e largou seu aparelho, deixando o dirigente vermelho de raiva.

Foi com sentimento de revolta que ele deitou a cabeça no travesseiro naquela noite. Nunca, em todo tempo que dirigira aquela casa de caridade, ninguém o havia contrariado em suas ordens. E agora ... "Seria um preto velho mesmo? Não estaria aquele médium tentando confrontar sua autoridade?". Nem orar conseguiu, e, assim que adormeceu, viu Pai Joaquim, em corpo astral, ao lado de sua cama, sorrindo e convidando-o a seguir com ele. Um tanto temeroso, aceitou a mão amiga do preto velho, e rumaram por uma estrada que os levou ao topo de um penhasco. Lá, sob névoa, havia escuridão e gritos de desespero. Foi inevitável o questionamento do dirigente, ao que Pai Joaquim respondeu prontamente:

– Filho, lá embaixo, almas sofredoras agonizam por não terem aproveitado a encarnação como bendita escola. Negaram-se ao aprendizado, negaram-se ao ensinamento, e, ao desencarnar, suas energias os conduziram a este vale, o dos orgulhosos. São professores relapsos, advogados exploradores, profissionais de todas as áreas que usaram mal suas ferramentas. Agonizam também todos aqueles que mantinham cargos de poder, devendo, por sua função, direcionar passos, mas que, por orgulho, monopolizaram e morreram com o cetro nas mãos. Nosso dever de espíritos, seja na carne ou fora dela, exercendo a mediunidade, é socorrer a todos eles, respeitando seu livre-arbítrio. Porém, socorrer implica esclarecer, mostrar o caminho certo, dizendo a importância de se mudar de atitudes. E eu lhe pergunto: como fazer isso sem que sejamos exemplo?

Quando se viu deitado novamente, além da pergunta que ficou retumbando em sua cabeça, ele não conseguia se esquecer do facho de luz em que se transformou a figura de Pai Joaquim assim que o deixou no leito, sumindo no espaço.

"Como ensinar coisas que ainda não havia aprendido?" – pensava.

No outro dia, ele foi procurado por uma das médiuns que ele havia afastado da corrente, para ser informado de que ela se desligava da casa de caridade. Após o ocorrido, ela foi buscar conhecimento e passou a freqüentar um curso sobre mediunidade e Umbanda, oferecido por outra casa. Pedia desculpas ao dirigente pelo transtorno, dizendo-se feliz por ter sido esclarecida sobre os fatos.

Logo depois, viu-se que aquele dirigente era o mais novo aluno do curso. Vencera o orgulho; o resto do aprendizado seria muito fácil. E, em seqüência, viria o ensinamento, que seria a ordem do dia, para alegria dos trabalhadores espirituais daquela seara.

A vida é uma dádiva

Na manifestação vibratória de Yorimá, a humildade é a característica principal. Como pais velhos ou vovôs, os espíritos trazem a simplicidade de uma manifestação alegre, com uma psicologia própria e adequada a todos. Não importa o nível social ou cultural de quem os procura; todos cedem ao magnetismo que os envolvem e que tão bem transmitem ao médium incorporado.

Naquela noite, aconteceria mais uma gira de preto velho na tenda de Umbanda. Todos os preparativos do lado material não expressavam sequer uma amostra de tudo o que acontecia no plano astral, no mesmo espaço.

O congá, iluminado por velas e adornado por um vaso de flores, no plano espiritual demonstrava esplendorosa e indescritível beleza, um verdadeiro centro de luz o envolvia, de onde faiscavam símbolos mágicos no ar. Esse centro de luz, em sua parte posterior, captava ondas magnéticas coloridas e sonoras. Na parte central, a energia mineral das pedras, representando os sete Orixás aos pés da figura de Jesus, transmutavam as energias dos atendimentos qual usina de reciclagem, agindo de maneira complexa ao entendimento físico. Depois disso, as energias eram direcionadas para a parte inferior, dispersando-se com a absorção de um sugador energético que as devolveria à natureza.

No plano astral, o reflexo da luz no ambiente era de tamanha intensidade que ofuscava a visão de muitos espíritos necessitados que se aglomeravam ao redor dos encarnados, acostumados que estavam às penumbras umbralinas.

Os pontos cantados pela corrente vibravam em ondas organizando o ambiente energético, permitindo a "descida" dos protetores. Um portal violeta, com tons de rosa, abria-se diante do congá, permitindo a passagem dos pretos velhos. Chegavam alegres, saudando seus pupilos, imantando-os com sua energia e ligando-se mentalmente a eles.

Com alguns médiuns, pela compatibilidade existente, a conexão era tão perfeita que, mesmo atuando somente no plano da irradiação, essa ligação confundia-se com uma incorporação, chegando a transfigurar-lhes as feições.

Na assistência, um jovem rapaz com problemas mentais sorria. Seu rosto refletia aquilo que as pessoas "normais" não enxergam no ambiente. Poucas palavras ele conseguia articular, mas o som que emitia expressava uma alegria muito grande. Sem esperar que o conduzissem, ele se levantou ansioso pelo atendimento, e, na menção de impedi-lo, a mãe foi barrada pelo cambono.

De longe, a mãe apertava as mãos apreensiva. "Como ele se faria entender pelo preto velho, se mal pronunciava algumas palavras?".

– Negro Ambrósio veio visitar zi fio.

E foi cantarolando "lamento de preto velho" que negro Ambrósio disfarçou o diálogo mental travado com aquele espírito, cuja limitação restringia-se ao corpo físico.

"Meu amigo e irmão" – expressava mentalmente o rapaz ao preto velho. "Que bom estar aqui, onde consigo sentir paz! Está muito difícil cumprir o tempo que me resta, mesmo sabendo que a escolha foi minha."

– Nós sabemos disso, companheiro, mas "ainda" é preciso que se cumpra a tarefa. O tempo que resta dela é pequeno, e voltaremos depois a rever o processo. Mais difícil do que a idiotia seria a não aceitação de seus pais. Com a graça de Deus, eles te acolheram com amor e desmembram-se em cuidados especiais para com você, esquecendo-se deles próprios. O sentimento de carinho que lhe dispensam é o remédio de que carecia seu mental viciado e agonizante por essa oportunidade. Depois de tantas rejeições, em tantos outros ventres de mães que lhe deviam essa oportunidade, foi justamente por intermédio de alguém que nada tinha de comprometimento com seu espírito que você pode descer à carne.

Segurando firme nas mãos do rapaz, encostou sua testa na dele, e, naquele momento, num lampejo, reviveram o passado de desvarios em que aqueles dois espíritos haviam escurecido a magia com suas mentes desequilibradas. O tempo, mensageiro de Deus, oportunizou a ambos muitas vivências de reajuste doloroso; algumas proveitosas, outras nem tanto. Para o espírito que agora trabalhava na caridade como negro Ambrósio, a reencarnação ainda seria necessária, por isso, mesmo do outro lado da vida, a sua opção era trabalhar com os encarnados e, assim, lapidar seu espírito. Na umbanda, que é pura magia, testava todas as más tendências que pudessem ainda existir no mais profundo dos porões de sua inconsciência.

Para o rapaz encarnado, encarcerado em um escafandro de carne, a idiotia era o freio que seu espírito ainda exigia. Limitado no pensar, limitado no fazer, só sua volta ao mundo espiritual poderia dar a ele os parâmetros do aproveitamento daquela encarnação, mas apenas o fato de estar vivendo envolvido no sentimento de amor e aceitação dos familiares o ajudaria bastante a conquistar a vitória.

No final dos atendimentos, quando a assistência esvaziara, autorizado pelo guia-chefe daquela tenda, negro Ambrósio se manifestou à corrente mediúnica para deixar a mensagem da noite:

– Saravá aos filhos, irmãos amados por Cristo Jesus. Foi tropeçando e sofrendo as reações de nossas ações que aprendemos, ao longo dos tempos, a discernir o certo do errado. Pena que nessa caminhada alguns espíritos ainda relutem em buscar o aprendizado e aceitar as leis imutáveis. O mundo espiritual aguarda o dia em que os homens possam aliar a Ciência ao "sagrado", para que a vida terrena passe a ter outra conotação. Há que se entender que a perfeição física almejada pelo ser humano é fruto de um aperfeiçoamento interno, lento e individual. A oportunidade de alguém nascer limitado, mesmo que seja considerado um estado de aberração aos olhos humanos, é disputado troféu conquistado pelo espírito para recuperação do corpo astral e da harmonia do corpo mental, maculados no pretérito. A vida na carne é momento de reconstrução, de aprendizado, e benditos sãos os ventres que acolhem os espíritos com tais deficiências. Porém hoje a medicina, em exames realizados no feto ainda com poucas semanas de gestação, possibilita detectar possíveis deficiências físicas, induzindo, por vezes, a uma interrupção da gravidez. Com isso, quantos espíritos estão sendo impedidos da oportunidade de resgate, adiando toda uma programação espiritual? Meus filhos, a vida é dádiva, e só o Grande Pai tem o poder sobre ela. Todos nós ainda somos crianças ignorantes de Seus desígnios. Aceitemos a vida como ela nos é dada e, por pior que nos pareça, tenhamos a certeza de que sempre seremos creditados além do que nossa dívida permite. A Ele compete definir como e por quanto tempo precisamos estagiar nos mundos físicos. A nós cabe aproveitar, melhorando a cada vinda para que se possa evoluir.

    Alguns meses depois, uma mulher voltava sozinha para se consolar com negro Ambrósio. O filho amado havia partido para o mundo espiritual. Ouvindo uma história contada pelo bondoso preto velho, ela compreendia quão linda tinha sido sua tarefa de mãe. Saiu daquele lugar consolada. Sabia que em algum lugar seu "menino" estava feliz. Tudo, o tempo todo, tinha valido a pena.

    Nada se esconde aos olhos de Deus, nem mesmo nossos pensamentos.

Enquanto houver amor

"Preta Rosa" é como se identifica uma entidade trabalhadora da umbanda na vibratória dos pretos velhos. Ela é muito amorosa, gosta de flores e de cantar versos. Chega sempre faceira, trazendo ao ambiente físico onde se manifesta a sensação de que a vida é uma festa muito gostosa. Seu corpo astral reveste-se com uma longa saia branca rodada e rendada, com fitas enfeitando a barra, combinando com uma blusa da mesma cor, com detalhes delicados. Essa roupa é a duplicata perfeita da vestimenta com que desencarnou em uma vivência terrena, quando ganhou a bela roupa de sua "sinhazinha", como demonstração de carinho pela "Bá" tão querida que amamentara seu primogênito.

Essa preta velha deixa sempre atrás de sua passagem um caminho de pétalas de rosas perfumadas tiradas de uma cesta da qual não desgruda. Plasmada de suas lembranças, a cesta ainda é a mesma em que carregava as roupas da casa grande para lavar no riacho. Naquele tempo, este era seu serviço predileto, porque no caminho aproveitava para colher flores e ervas. O contato com a natureza trazia para sua alma escrava de débitos passados o alento de que precisava para ser feliz na simplicidade da vida que levava. A escravidão de seu povo maltratava seus sentimentos, mas a sua própria escravidão não a incomodava, pois, como protegida da sinhazinha, nunca sofrera maus-tratos. Enquanto alvejava as roupas sobre as pedras do rio, seu espírito fugia para um mundo onde a cor da pele não marcava os corpos e onde a felicidade era constante. Lá ganhava o alento de amores reais, deixados, mas não esquecidos.

A melodia formada pelas águas do riacho, pelo cantarolar dos pássaros e pelo som do vento nas folhas formava a sinfonia que a inspirava a declamar os versos. Embora não se lembrasse, a poesia e o romantismo daquela negra analfabeta estavam arquivados em seu mental, pois já estagiara no corpo de um famoso poeta do passado.

Nascera em outros corpos com outras histórias de vida, mas agora que o Senhor Supremo lhe concedia a graça de auxiliar os filhos da Terra, ela escolhera Aruanda como morada, pois lá estavam seus amigos mais queridos e também porque as maiores vitórias de sua trajetória haviam sido conquistadas na vivência negra e escrava.

Ali no terreiro, fora designada a trabalhar com uma médium de pele muito clara, de descendência européia, uma das poucas no meio de uma corrente formada quase que totalmente por negros e mulatos.

Naquela noite, no meio da assistência, normalmente formada por pessoas humildes e pobres da periferia onde se localizava a casa de caridade, destacava-se uma senhora de porte fino, muito bem vestida e perfumada. Quando chegou sua vez para o atendimento, solicitou ao cambono que, por favor, encaminhasse-a até "a moça não preta", apontando para a médium em que Preta Rosa se manifestava.

A bondosa e faceira entidade a acolheu sorrindo e, após a benzedura, iniciou o diálogo:

– O que zi fia deseja dessa preta velha?

– É a primeira vez que venho a "um lugar desses", e Deus me livre se meu marido souber disso! Fui aconselhada por uma amiga a procurar alguém que lide com "essas coisas", pois preciso de um "trabalho forte".

Preta velha sorria da ingenuidade daquele espírito que, à

sua frente, aparentava poder e superioridade que, com certeza, havia causado inveja a muitas das pessoas da assistência.

Tantos talvez tenham pensado: "O que haveria de precisar uma madame tão fina, com tudo de bom em sua vida?". Quando na verdade pessoas assim recorriam aos pretos velhos para tentar consolar a alma que sufocava dentro de um corpo com tantas materialidades.

A entidade sabia, no entanto, que dentro daquela casca refinada estava um coração dilacerado. Enquanto ela contava sua história, deixava transparecer em sua tela holográfica todo um passado que, embora distante, precisava de reparos.

Estava vivendo um relacionamento proibido. Um homem, que desde o primeiro olhar lhe havia arrancado suspiros, invadiu qual cupido seu coração. A grande paixão que surgira em sua vida e que mantinha como amante, às escondidas, estava enlouquecendo-a, pela impossibilidade de viver em liberdade aquilo que seu coração ansiava dia e noite.

Aquele rapaz jovem de corpo escultural e olhar penetrante mexia com seus desejos. Havia sido contratado como motorista da casa por seu marido, que era rico empresário do lugar e homem de caráter invejável, embora sem nenhuma beleza física.

Ela estava ali porque queria um "trabalho" que resolvesse sua situação. Preta velha sabia que a "solução" que ansiava jamais encontraria naquele lugar e, para não perder o jeito, ela declamou sorrindo:

– Por que dói os batidore?
Zi fia pensa que tem os amore!
Preta Rosa zi diz – "batidore tá enganado
Por isso vai fazê o contado
Das história que zi fia não faz sabidado"...

E continuou:

– Havia um pai muito amoroso que criara sua filha no luxo. Quando jovem ainda, essa filha se revoltou contra o pai porque ele não a deixou ir a uma festa e ela resolveu, por isso, além de roubar seu pai, fugir com um empregado da fazenda com o qual mantinha encontros furtivos. Nessa fuga, buscou viver em liberdade e, de maneira fútil, gozou todos os prazeres da vida, ignorando o sofrimento que causara ao pai amoroso, que, de tanta tristeza, veio a falecer. Um dia o dinheiro roubado acabou, os amigos de festas também, e o companheiro sumiu. Legada à solidão, adoentada e sem rumo, lembrou-se do velho pai e resolveu voltar qual filho pródigo. Lá não havia mais nada do que fora seu um dia, pois o tempo havia corroído tudo. Restou-lhe viver mendigando favores o resto de seus dias.

Enquanto a preta velha contava a história, auxiliada pelos senhores do carma, em seu mental eram reativadas as imagens e, em seu corpo astral, as sensações impressas e escondidas pelo tempo.

– Zi fia precisa saber que lá no passado já prejudicou esse mesmo espírito que hoje a acolheu com amor, dando-lhe filhos maravilhosos e uma vida invejável. Noutros tempos o matou de tristeza; hoje pensa em outras armas. A filha precisa entender que amor e paixão são sentimentos que se confundem, mas que são diferentes. A paixão é fogo que quanto mais proibido mais incendeia e que, como fogo na palha, é breve e logo apaga. Confunde a cabeça e faz o corpo vibrar com tamanha intensidade que embota o mental. Amor, no entanto, é aquilo que nem o tempo é capaz de confundir ou apagar. Não mata, não rouba, não maltrata e nem aprisiona. Ele é luz por onde andar e tem braços longos, capaz de proteger e afagar. É cego a tudo que exterioriza, mas tem olhos que vêem a alma, a essência.

Ela haveria de entender, senão pela fala da preta velha, pelo grito de seu coração.

Ao sair, deparou-se com o marido sentado na assistência e quase perdeu os sentidos. Ele também se sentiu embaraçado e, vindo ao seu encontro, abraçou-a carinhosamente.

Na volta para casa, ele lhe contou que há muito tempo buscava conforto com os pretos velhos e que só não havia lhe falado sobre isso porque sabia de seu preconceito com as religiões afro. Manifestou sua felicidade em vê-la buscando luz e declarou mais uma vez ser o homem mais feliz do mundo pelo imenso amor que sentia por ela. Agora a mulher, sacudida por tudo aquilo em tão pouco tempo, não tinha como não repensar na vida.

No astral, os amigos espirituais, obedecendo às leis maiores e ao livre-arbítrio dos filhos, remexiam nas estruturas que formavam aquele projeto para que não se perdesse a encarnação de nenhum dos envolvidos na trama cármica.

Em poucos dias, o motorista, que era espírito ainda bastante ambicioso, foi chamado por uma grande empresa para concretizar antigo sonho de viver no exterior. A mulher, a cada semana após a visita com o marido ao terreiro de Umbanda, reestruturava seus pensamentos e sentimentos. Preta Rosa continuava fazendo versos de amor, pois enquanto nascerem flores haverá de ter romantismo no ar.

Nem início, nem fim – apenas um meio

Estupefata diante de toda a corrente, a dirigente daquele templo anunciava que seus últimos exames médicos revelaram um nódulo cancerígeno em sua garganta. Fazia bastante tempo que vinha sentindo dores e até dificuldade de falar e engolir, mas protelava a visita ao médico talvez porque sua intuição antecipasse o resultado.

Provavelmente aquela seria a última vez que estaria na frente daquela corrente como dirigente, pois, mesmo que sobrevivesse à doença, ficaria sem voz. De imediato, após a cirurgia, iniciaram-se as sessões de quimioterapia, o que consumia, dia após dia, sua energia vital.

Durante esse tempo, a corrente mediúnica reunia-se diariamente para vibrar em favor da querida Babalorixá. Atendendo ao pedido dela própria, não deixaram de atender ao público normalmente, pois, independentemente de sua presença física, tinham a imprescindível assistência espiritual, além de médiuns capacitados e treinados para dirigir o templo.

Em menos de um mês a mulher desencarnou, deixando um imenso vazio e uma saudade sem dimensões em todos os seus "filhos" – era assim que chamava seus médiuns. Vivera 81 anos, dos quais 40 foram dedicados à causa umbandista.

O tempo foi passando, e tudo voltava ao normal, mas as indagações ficaram com a saudade: "Como compreender a lei do carma apregoada pela umbanda diante do que acontecera com alguém que dedicou sua vida à caridade? Por que vivera 81 anos de retidão e, quando a vida já se escoava, teve ainda que sofrer com um câncer?

Foi para trazer as respostas que o preto velho companheiro dela durante muitos anos nos trabalhos se apresentou, então manifestado em quem se comprometia com a direção do templo:

– Os filhos choram a morte de quem renasceu. Vossa Ba, ao largar aquele corpo carnal, liberou-se de um pesado fardo, mas não de suas tarefas. O mundo carnal, meus filhos, não é início nem fim, apenas um meio. A visão limitada pelo corpo material cega os filhos àquilo que escreveram nas páginas do ontem. Quando os corpos físicos descem à terra para se dissolver, depois de um período de dor e doença, já drenaram do corpo espiritual, onde reside a vida, o que precisava para limpá-lo. O câncer, doença corrosiva, nada mais é do que uma oportunidade rápida de expurgo de tudo aquilo que é danoso e prejudicial ao nosso espírito. Se vossa Ba, mesmo tendo sido pessoa de bem nessa vida, precisou ainda expurgar no finalzinho de sua encarnação com uma doença grave, foi porque trouxe na bagagem resíduos dessa energia. Aos olhos do Pai e do próprio espírito, quando lúcido de sua evolução, esta é uma abençoada oportunidade de limpeza. E assim foi. No lugar do tumor que sua garganta física apresentava, hoje reluz no corpo astral uma mandala colorida, sinalizando a limpeza efetuada pela doença em seu centro de força. No passado, o mesmo espírito usou tão mal e com tamanho poder a palavra que marcou suas cordas vocais com o câncer para essa vivência terrena. Na verdade, a escolha foi sua antes de renascer, pois, como espírito sabedor de seus débitos pretéritos, precisava aliviar a consciência. Embora recebendo a mediunidade para ressarcir esses pretéritos, sabia também da dificuldade que nos incute a matéria, tantas vezes obstruindo nosso discernimento entre o amor e a dor. Em sua programação cármica, deveria praticar a caridade desde a juventude, e, por ter despertado somente aos 40 anos de idade, ao findar o tempo carnal, restava pouco, mas ainda tinha o que drenar. Na possibilidade de não concretizar o projeto mediúnico – representando o amor, a segunda opção –, a dor teria batido à sua porta mais cedo, maior e por mais tempo. Cada palavra de conforto prestada pela vossa Ba, aqui dentro do templo ou fora dele, transmutava uma daquelas mal usadas anteriormente, e assim foi se esgotando o débito. Por isso, meus filhos, não desdenhem da oportunidade de praticar a caridade, recebida pelas portas da mediunidade. Cada hora trabalhada no bem é moeda valiosa no banco da vida. Por outro lado, cuidado com a forma como utilizam a ferramenta. O mal não tem justificativas para ser praticado.

Do outro lado, o espírito da Ba sorria assistindo à emoção de seus filhos queridos, diante da explanação do preto velho. Sabia que aquelas lágrimas eram de saudade; elas representavam o amor que os unira naquela vida.

Acostumada ao serviço, aguardava ansiosa sua total recomposição energética e a ordem de seus superiores para que pudesse voltar a trabalhar em algum templo. Talvez agora como uma das entidades anônimas em qualquer das lides da umbanda; mas teria quer ser dentro dela.

"Adeus umbanda
Adeus lindo congá
Eu vou embora
Mas torno a voltar!"

O pote de ouro

– Minha mãe, estou desesperado. Minha vida virou um inferno. Nada mais dá certo, e estou pensando em me matar – falava trêmulo e choroso aquele homem de meia-idade sentado aos pés de vó Cambina.

Fumegando seu "pito" e soprando baforadas ao redor do homem, a preta velha tentava limpar um pouco da imensidão de larvas astrais que se acumulavam em sua aura. Formas monstruosas de pensamento bailavam sobre a cabeça dele, demonstrando o desarranjo mental em que se encontrava. Eram polarizadas de tal forma com seu negativismo que já haviam se transformado em entidades artificiais, isso sem contar a chusma de quiumbas[1] sofredores que se arrastavam ao seu redor, sugando-lhe as energias condizentes.

Vó Cambina, feiticeira de outrora, sabia como lidar com entidades como aquelas, mas, ensinada pela vida, também tinha a certeza de que não bastava despolarizar e retirar aquele manancial energético negativo. Era necessário também e fundamentalmente que ele mudasse sua vibração, seu pensamento, ou, caso contrário, atrairia novamente tudo aquilo.

Enquanto o ouvia, entrou em contato com o Exu de sua

---
1 Espíritos desencarnados.

serventia e, movimentando-o, assim como outras entidades trabalhadoras do local, incumbindo-os de limpar o campo energético. Para auxiliá-los, pediu ao cambono que se encaminhasse à sala da fundanga, para que a explosão proporcionada pela pólvora pudesse apressar o processo de limpeza daquilo tudo que já estava enrustido ao seu redor.

Ressentido pela mudança que se processava além do físico, aquele homem iniciou um processo de tosse intensa que o impediu de falar por alguns minutos. Isso era providencial, pois os socorristas pressionavam seus pulmões com o objetivo de expelir deles toda a carga densa acumulada pela energia da raiva que ali armazenava. No astral, a visão era nojenta, pois a cada tossida ele expelia uma espécie de gosma enegrecida que envolvia um emaranhado de fibras avermelhadas. Estava tão acostumado àquela energia, que se sentia enfraquecido.

Vó Cambina, sabedora de que, "quando o corpo desfalece, o espírito fortalece", aproveitou então para falar com ele. Seu modo de dialogar era peculiar, e sua maneira calma e elegante era, ao mesmo tempo, direta e franca. "Não passo mel na língua", insistia em repetir.

– Zi fio tá precisado mesmo é de criar juízo nessa camutinga. Falou, falou e não convenceu nega véia.

Diante do olhar arregalado do homem, vó Cambina continuou:

– Se vem pedir ajuda, zio fio, nós que estamos aqui para prestar a caridade em nome do Cristo Jesus vamos fazer de um tudo para auxiliar o filho. Mas, ao mesmo tempo, é preciso que ouça aquilo que seu coração está querendo lhe dizer e para o que o filho finge estar surdo.

Contou para a preta velha que perdeu tudo o que possuía de material, que junto foram a mulher, os amigos... Só faltou morrer o cachorro... eheheh... Pois é. E daí, zi fio, que passou a vida inteira só correndo atrás do pote de ouro e que, quando o encontrou, sentiu-se o supra-sumo, envaidecido e orgulhoso, pisando na cabeça de todo mundo, achou que ele nunca esvaziaria. Enquanto restavam moedas, existia motivação para viver, mas, quando o pote de ouro esvaziou, esmoreceu. Por que será, zi fio?

O homem, ainda trêmulo, escutava atento, mas a pergunta o pegou desprevenido. Não sabia o que responder.

– Vó Cambina é nega véia amaciada pelas chicotadas da vida. Noutros tempos também correu atrás das "patacas" e perdeu a honra, a dignidade, para no final de tudo ver que só existia um tesouro real: a própria vida. Descobriu que a vida estava no espírito e que só ele sobreviveria a todo o resto, por isso necessitava cuidar mais dele do que da matéria. Assim, falo para o filho que nada do que possa trazer prazeres imediatos e ilusórios, adquiridos e mantidos com base no orgulho, pode permanecer. O próprio tempo consome esses prazeres, e pior do que sua curta existência são as marcas que deixam em nós.

A falência do material pode ser providencial para o crescimento de alguns espíritos, para que se evite sua falência, o que é extremamente lamentável.

A busca pelo ouro é fascinante para os homens, pois empenham nisso toda sua energia, sua adrenalina e, principalmente, sua capacidade mental. Quando tudo se esvai, estão exauridos e, então, sentem-se trapos humanos, querem morrer, ou pior, suicidar-se. Quanta fraqueza, quanta covardia! Hora de nos lembrar que na encruzilhada existem outros caminhos e que um deles tem horizonte iluminado, embora, para percorrê-lo, seja preciso aceitar e carregar uma cruz.

O ideal é o equilíbrio, ou seja, enquanto buscam o ouro, que ainda é necessário para o sustento da matéria, busquem também um caminho onde se eduque o espírito. Em seu caso, filho, recomece. Nunca é tarde, nem mesmo meia hora antes do desencarne. Olhe para cima e veja o céu; olhe para baixo e veja a terra. Você está no meio, no centro desse mundão de meu Deus, com mil possibilidades a desenvolver ainda.

Fique com vergonha de pensar em tirar a vida, pois você não é dono dela. Está aqui para gerar mais vidas, como aliado do grande arquiteto, e não para boicotar a Sua obra.

Vó Cambina, como conhecia aquele tipo de materialista e sabia que, para acionar sua fé, era preciso todo um processo, disse-lhe que fosse para casa e que ainda durante aquela noite iniciasse uma novena. Deveria deitar e rezar durante trinta minutos uma relação de orações que o cambono lhe passaria.

No final da sessão, enquanto recolhia o material usado por vó Cambina, o cambono, curioso, perguntou por que ela dera tanta oração e tanto tempo de reza para aquele homem, sabendo que as orações repetidas e decoradas de pouco adiantavam como ligação com o Pai.

– Eh, eh, zi fio. Nega véia sabe onde amarra seu burrico! Zi fio, acostumado que está a "negociar" com a vida e o mundo, vai pensar que para melhorar tem que cumprir a tarefa que preta velha lhe incumbiu. Enquanto reza, estará se envolvendo numa condição mental e energética melhorada em relação aos pensamentos que vinha tendo. Ele não vai agüentar rezar durante meia hora, vai acabar dormindo na metade. Isso é bom. Se todo mundo dormisse rezando, os pretos velhos e os exus teriam menos trabalho... eh eh eh...

"Vó Cambina tá no terreiro
Vó Cambina acabou de chegar
Varrendo com sua saia
Ela veio... Ela veio mandingar."

O amor
Definição de um preto velho

– O que é o amor, meu pai?
– Ah, o amor! Para nós, espíritos tão pequenos, talvez compreender o amor seja tão difícil quanto uma minhoca acreditar que um dia chegará às estrelas.
– Camboninho, pai velho vai lhe contar uma história: "Um casal havia recebido em seu seio um menino de alma muito bondosa. Desde tenra idade, demonstrou respeito e carinho pela mãe natureza; era comum ouvi-lo falando com os bichinhos. Havia em seu jardim uma roseira muito bonita, cultivada com esmero por sua mãe, que se orgulhava muito das rosas gigantes que cultivava. Certa manhã, ao abrir a janela, a mulher se surpreendeu ao ver que as formigas haviam atacado a roseira durante a noite e que vários galhos já não tinham mais nenhuma folha. Imediatamente, pediu ao marido que providenciasse um veneno para exterminar as comilonas intrusas, lamentando-se da possível morte da roseira tão estimada. Ao ouvir isso, o menino correu até o jardim, sentou-se no chão e começou a falar com suas amigas formigas, explicando-lhes que deveriam se retirar imediatamente da roseira, pois, do contrário, seriam mortas:
– Eu sei que vocês não estão querendo matar a planta, ape-

nas precisam se alimentar, mas quero que entendam que minha mãe gosta muito dessa roseira. Fujam e se tranquem em sua toca, por favor! Eu não quero que morram, como também não quero que minha mãe fique triste por perder a planta.

O pai do menino, que havia escutado o monólogo, sorriu da ingenuidade da criança, mas o que ele ignorava é que havia outros ouvidos atentos àquele pedido. Pequenos seres invisíveis ao olhar humano, que tinham como tarefa defender e organizar a natureza como um todo, movimentaram-se em auxílio de todos os elementos envolvidos na situação. Sem noção da maldade e aptos a receber os eflúvios benéficos do amor, absorveram a mensagem enviada pelas palavras do menino, que a eles chegou decodificada como onda vibratória de um sentimento bom. De seu reino, enviaram a todos os outros mensagens de socorro, movimentando as forças que regem o Universo, chegando até o reino hominal, aos ouvidos do pai do menino, que, por estar extremamente atarefado, esqueceu-se de comprar o veneno. De volta ao lar, foi repreendido pela esposa, que pedia socorro à vizinha, em busca de um pouco de veneno emprestado. Não encontrando o formicida, foi instruída a colocar um círculo de sal ao redor da roseira, o que evitaria que as formigas chegassem até a planta. Assim o fez, pelo menos por hora.

Novamente o menino foi até as formigas e alertou-as:
– Vim avisá-las de que não podem, de maneira nenhuma, aproximar-se da roseira ou vão salgar suas perninhas. Ah, tenho uma idéia! Eu imagino que vocês, como eu, gostam de doce; pois bem, vou colocar um montão de açúcar próximo à sua toca, e daí vão se esquecer da roseira.

E assim o fez, porém, na hora de derramar o açúcar próximo à toca das formigas, escorregou, e lá se foi meio pacote para dentro do buraco, dando um trabalhão enorme para as formigas, que desistiram daquela saída, abrindo outra, pelo lado oposto da toca. Por lá, as formigas encontraram um terreno baldio onde algumas plantas saborosas as fizeram esquecer a roseira vizinha."

– E assim, camboninho, o final da história foi feliz para todos os envolvidos. Entendeu agora do que é capaz o amor e como ele age no Universo? O amor é harmonia por excelência, é fogo cuja chama transmuta sem ferir ou queimar; é lâmpada que ilumina por onde passa; é fonte que rega e sacia; é paz de consciência. E muito mais pai velho poderia falar de amor, se ele próprio conseguisse compreendê-lo o suficiente, mas precisa ainda percorrer muitos caminhos e ouvir muitas histórias até que se grave em seu mental apenas e tão somente o bem.

Enquanto os homens se negarem a aprender a lição que vieram ensinar a ele, às crianças, aos animais e à natureza, não haverá de reinar a paz no planeta Terra, nem vibrar amor no coração das criaturas. Como alguém pode dizer que ama outro ser se sua alma ainda se compraz em matar?

Que importa se esse "matar" é abortar os indefesos da própria espécie ou degolar uma ave para devorá-la em requintado banquete?

Enquanto o homem não se der conta de que já se foram os anos de barbárie, haverá roseiras murchando, sendo corroídas por vorazes formigas.

Papagaio come milho, periquito leva a fama

O teste de HIV deu positivo, e o desespero desnorteou a vida daquele homem, a qual até então fora uma festa. Perdeu a conta de com quantas mulheres se relacionara durante a vida. Havia casado por imposição das famílias, pois a moça estava grávida, mas sua liberdade era algo de que não abdicava. O filho que nasceu daquela união era só mais um dos tantos que já tivera e com quem pouco se importava. Não podia ver um rabo-de-saia sem que o assediasse.

"Será que morreria logo? De que maneira? Sofreria?"

Essas perguntas levavam-no não só a vários médicos, mas também a todos os adivinhos que lhe indicavam. Dependendo da resposta, decidiria tomar veneno. Já havia programado tudo, pois seus 50 anos foram bem aproveitados, e, afinal, morrer todo mundo tem que morrer um dia! O que não admitia era sofrer e depender da caridade alheia para terminar seus dias.

Em alguns lugares recebeu alento, em outros, pedidos de grandes quantias em troca de "uma salvação certa", de promessas de milagres, de beberagem e simpatias. Alguém que se dizia "mãe de santo" chegou a lhe afirmar que fora tão mulherengo porque "tinha com ele uma pomba gira que o induzia a isso, uma vez que esse tipo de entidade, quando gruda no homem, leva-o à loucura, pois elas são prostitutas insaciáveis".

Agora tinha um culpado para sua safadeza, e, sentindo-se mais vítima do que nunca, começou a beber muito, até um dia em que, dirigindo-se a um bar, passou em frente a um terreiro de umbanda. Ouvindo o som dos atabaques, parou e sentiu vontade de entrar. Lá dentro, foi convidado a tomar um passe com uma preta velha e aceitou.
– Como está, zi fio?
– Mal. Estou com "a doença".
– Hum... A doença dá medo, né, zio fio?
– Não, não é só medo, essa maldita mata. Ah, é por culpa de uma pomba gira que grudou em mim e me levou a uma vida desregrada.
– Quem falou isso pra zi fio?
– Uma mulher que incorpora e que trabalha na umbanda.

A preta velha, que do plano astral sabia de toda a história com antecipação, continuou:
– Nega véia vai ter que explicar algumas coisas. Se zi fio roubar alguém e por isso for condenado, a família toda vai pagar a pena porque tem o mesmo nome ou somente você?
– É claro que, se eu roubei, só eu é que tenho que pagar por isso.
– Muitos filhos da Terra se dizem umbandistas, falam e fazem coisas em nome da umbanda, trocam mentiras por moedas e, ignorando que a umbanda é serviço de caridade, buscam nela o que deveriam fazer suando o corpo no trabalho.

Papagaio come milho, periquito leva a fama. Pomba gira, meu filho, não pratica o mal, e, se existir alguma entidade grudada em você, asseguro-lhe de que não tem esse nome. Pomba gira não é prostituta que induz nem homens nem mulheres a se desregrar. Essa entidade que trabalha na umbanda é agente a serviço da Lei Maior, que trabalha na vibratória de Yemanjá, e cujas falanges auxiliam, dentro de uma hierarquia apropriada. O que o filho fez foi dar vazão aos seus desejos animalizados, os quais foram alimentados pelos iguais que se aliaram às suas energias. O sexo, filho, faz parte dos seres para a sua evolução, para que procriem, além de ser uma forma de elevação e de complementação do amor. Quando um indivíduo desperdiça sua energia sexual em desregramentos, ele dissipa esse potencial que deveria servir como energizador dos próprios centros de forças existentes em seu corpo espiritual, causando o enfraquecimento do sistema imunológico e a aceleração do envelhecimento no corpo físico. Os animais que ainda agem por instinto são regrados, o que deveria envergonhar a raça humana pensante. A vida pode ser uma festa, mas quem disse que festa é zoeira? A confusão entre liberdade e libertinagem é que leva ao desregramento e à conseqüente busca da dor, inestimável mestra. Não culpe ninguém por estar doente e nem queira se punir com a morte, pois ela não existe. Aproveite esse tempo, filho, e repense no que é real. Busque se realinhar na vida e tente se autoconhecer. Existe, além da matéria, algo imortal e que merece respeito, pois foi criado pelo Todo Poderoso Deus nosso Pai. Abençoe a doença a que chama de maldita, pois, não fosse ela agir como freio, quanto absurdo ainda cometeria nessa encarnação? Se até agora o que lhe preocupou foi tão somente os prazeres da matéria, reverta agora a situação e trate de seu espírito.

Ao sair daquela casa, ele não tinha mais vontade de beber e foi para casa pensativo. Nunca havia parado para pensar que nele habitava um espírito, e essa alternativa lhe motivava a viver, mesmo condenado. Por isso, muita outras vezes voltou para dialogar com a preta velha e receber sua bênção. Até o dia em que não pôde mais levantar do leito porque tinha uma febre tão alta que sinalizava a pneumonia instalada em seu organismo indefeso. Na semana seguinte, também não foi falar com a preta velha, porque seu espírito abandonara o corpo.

No velório, fizeram-se presentes alguns poucos familiares, que na maioria o condenavam, alguns curiosos que comentavam sua vida mal conduzida, mulheres chorosas porque o amavam e mulheres que queriam certificar-se de que "aquele peste" havia morrido mesmo. Deixou dores, deixou amores. Deixou lembranças boas e más e deixou um corpo usado de forma errada. Levou apenas um manancial de coisas a serem acertadas, quem sabe em próxima oportunidade terrena ou no astral.

De que maneira? "A cada um segundo suas obras, já falava um Grande Mestre".

Uma certeza lhe havia dado a preta velha: " Nenhum filho de Deus é desamparado."

Essa foi a corda em que ele se agarrou para um dia poder subir outra vez.

Encosto?

Estacionou seu carro em frente "àquele lugar" meia hora antes do início do atendimento. Camuflado por um boné e usando óculos escuros, encolhido no assento, observava curioso o movimento das pessoas que entravam. Não demorou e os atabaques começaram a ser tocados, indicando que a sessão teria início. Ouviu cantos, rezas. Seu coração palpitava forte, e, embora já houvesse ameaçado sair do carro e entrar "naquele lugar", um misto de medo e vergonha o impedia.

Sentia o corpo físico ali, mas era como se estivesse lá no meio daquela gente. O som o fazia vibrar de maneira tão intensa que se sentia a girar numa cadência que desconhecia.

– Tio, dá-me um troco.

A voz do pedinte e a batida de sua mãozinha no vidro do carro assustaram-no, fazendo-o voltar à realidade. Dando umas moedas ao menino, resolveu tomar coragem e entrar no ambiente.

Jamais esqueceria aquele momento. Além do coração descompassado, sumira todo medo e toda vergonha, e, dirigindo-se à primeira fila de cadeiras, lá se acomodou. Seus olhos brilhavam olhando a gira de abertura, quando os médiuns, vestidos de branco e em plena ordem e harmonia, cediam seus aparelhos para a incorporação dos guias. Ele nunca havia presenciado nada igual, pois, mesmo ignorando, tinha vidência e, então, o que enxergava ali não era só concernente ao mundo físico. O deslumbramento maior era a visão do mundo astral que se mostrava de maneira natural sem lhe dar tempo de analisar se era realidade ou fantasia de sua mente. Como se já conhecesse, conseguia acompanhar os pontos cantados e, quanto mais o fazia, mais se sentia integrado àquilo tudo.

Presenciava seres de luz que se transformavam à sua frente em velhos arqueados, mudando inclusive suas vestes, aproximando-se dos médiuns. Aí sua vista se confundia, pois já não conseguia saber quem era quem. De repente, aparecia em outro lugar um ser vestido elegantemente com fino terno, de onde se refletiam filetes iluminados, transformando-se também num homem preto, de bengala e a fumar cachimbo. Ao se aproximar de outro médium, tudo se repetia. Via, assim, mulheres bonitas, de olhar bondoso e sorriso aberto, transfigurando-se em pretas velhas gorduchas que se aproximavam dos devidos aparelhos, iniciando uma dança, em que primeiro giravam seus corpos para depois acomodá-los em pequenos bancos.

Nesse enlevo não percebeu o tempo passar, assustando-se novamente quando um cambono, batendo levemente em seu ombro, solicitou que o acompanhasse, pois pai Chico precisava lhe falar.

– Saravá pro fio. Nego véio o saúda em nome de Zambi.

Gaguejando, ele respondeu:

– O senhor me desculpe, mas eu nem sei o que dizer... Acho que ou eu vi coisa demais aqui dentro hoje, ou ...

– Sossega, zi fio, sossega! Preto véio sabe de tudo que zi fio presenciou aqui hoje e garante que ocê num tá ficando louco não... eheh.

– Mas o senhor mesmo chegou aqui que parecia um doutor e agora ...

– Agora pareço um preto, escravo em veste humilde. Pois é, zi fio, assim como estou é como gostaria que minha alma estivesse: humilde, para poder me curar da escravidão do orgulho a que me submeti durante várias encarnações; de costas dobradas, olhando para o chão para evitar novamente andar de nariz empinado, pisando no que estivesse abaixo de mim; preto, para curar o preconceito que carreguei tendo dois olhos azuis que não me serviram para enxergar a alma das pessoas.

– E ocê, zi fio, o que veio buscar aqui?

– Ah, pois é... um amigo me indicou esse lugar, quer dizer, essa casa, pois falou que eu devo estar com algum "encosto". Às vezes fico fora do ar. Falam comigo e eu não escuto, e nesses momentos é como se estivesse viajado no tempo. Lembro-me de coisas e imagens que conto a eles, mas ninguém acredita. Algumas vezes, quando isso acontece, tem um homem vestido de branco, cujo rosto nunca vi, que me convida a ir e me leva a um hospital. Lá nós atendemos algumas pessoas estropiadas, como se fôssemos médicos. Faço curativos, limpo os ferimentos, aplico compressas, converso com eles, e sempre se acalmam. Eu não sou médico! Sou só um operário da construção civil. Ao retornar à realidade, sinto-me bem, mas já estou me convencendo de que, se não for encosto o que tenho, devo procurar um psiquiatra.

– Eheh... Pai Chico também nunca foi escravo. Quando o grande Zambi precisa de nós, Seus filhos, ele não pede nossa ficha cadastral, nem nosso currículo profissional, ele olha nosso coração, nossa ficha cármica, onde estão anotados todos os nossos bons feitos ao longo da vida, que não se restringe a essa existência.

O que o filho precisa saber é que não tem "encosto" nenhum, nem está ficando louco. Apenas cumpre a tarefa com que se comprometeu antes de reencarnar. Isso é mediunidade, e o que o filho faz é um desdobramento consciente, quando seu corpo astral sai por instantes e vai trabalhar com pai Chico.

– Com o senhor?

– Eheh... se assustou, zi fio? Mas não foi você mesmo quem me disse que pareço "doutor"? A veste terrena nada mais é que um uniforme que usamos para desempenhar uma função por algum tempo. Fora do corpo físico, a vida continua de maneira mais intensa e mais movimentada ainda. Muitos sofredores anseiam por auxílio, e nós, espíritos fora da carne, precisamos de espíritos encarnados para nos fornecer energia animalizada e efetuar curas e desobsessões, além de outros feitos. Pai Chico aconselha que o filho procure se instruir sobre tudo o que lhe falei, e vai ver como a vida toma outro rumo depois que começamos a desenvolver nossa capacidade de pensar, discernir, desenvolver o "conhecimento". A humanidade já não pode continuar nesse vaivém onde o que interessa são as sensações da carne, desenvolvendo só as emoções. O homem é bem mais do que "comer, beber, malhar e fazer sexo". Temos um corpo mental capacitado a se desenvolver para sair dessa estreita visão e ascensionar nosso espírito. Estude, filho, estude. Sua condição atual de simples pedreiro não quer dizer que esteja impedido de pensar, de crescer intelectualmente. Desenvolva suas capacidades e aceite a tarefa da "mediunidade" como uma oportunidade abençoada e terá toda a assistência de seus afins no mundo espiritual, pois preto velho sabe que este filho tem alma bonita. Como pode ver, para trabalhar na seara do Pai como médium, a espiritualidade não escolhe os doutores nem os intelectuais, mas os que precisam se curar curando os outros. Porém, é preciso entender o que se passa também no outro lado da vida, e, para tanto, precisa buscar conhecimento. De instrumento afinado sempre sai o melhor som. Alie o aprendizado ao amor e trabalhe, filho, trabalhe.

    O pedreiro, ao sair dali, estava de alma lavada. No outro dia, não se importou com o espanto dos companheiros de trabalho ao ouvirem-no assobiando "música de macumbeiro". Estudou, estudou e continuou a trabalhar com pai Chico, fora do ar, ou melhor, do corpo. Mas isso passou a acontecer apenas à noite, durante o sono, pois educava sua mediunidade. Nada fora um acaso, só uma providência.

    Aos poucos se integrou à corrente daquele terreiro e, depois de alguns anos, tornou-se o médium que recebe pai Chico para ajudar o intelectual, o doutor, o pedreiro...

Cosme e Damião

Todos os médiuns daquela casa de umbanda aguardavam ansiosos o dia 27 de setembro de cada ano, quando acontecia a festa de "Cosme e Damião". Enfeitavam todo o terreiro com bandeirolas e balões coloridos, compravam muitos doces e refrigerantes para "agradar" as crianças. Deveria ser um dia de festa, em que a aparente inocência dos espíritos que ali baixariam, aliada à tradicional alegria que eles conseguiam passar, traria alento a todos os consulentes.

Após a abertura da sessão, com cantos alegres, iniciaram-se as incorporações. Alguns médiuns, mesmo agindo como crianças, demonstravam o equilíbrio e a firmeza de sua mediunidade, sem fazer nenhum estardalhaço. Para outros, no entanto, era hora de extrapolar, colocando para fora a criança mal resolvida que guardavam dentro de si. Um deles, o médium mais antigo da casa, em verdadeira algazarra, corria pelo chão qual criança engatinhando e literalmente agredindo alguns médiuns incorporados. Puxava o cabelo de um, beliscava outro, até que chegou ao alvo, ou seja, chegou até um médium com quem desejava acertar contas, por causa de sua vaidade. Como energias iguais se afinizam e as contrárias se repelem, ele não encontrou resposta às suas agressões, mesmo tendo lançado mão de brincadeiras de mau gosto.

No lado espiritual, o protetor da linha de Yori, que deveria ter trabalhado com aquele médium e que por falta de afinidade vibratória não o fez, buscava auxílio com um dos Exus que realizava a guarnição da casa, para que se pudesse acomodar o indisciplinado trabalhador. Se não queria ajudar, pelo menos não interferisse na tarefa dos outros. Imediatamente foi dada pelo guia-chefe a ordem para que se efetuasse algo priorizando o atendimento, que visava à caridade e que não poderia ser prejudicado pela má conduta de apenas um membro da corrente.

Na tentativa de bagunçar ou chamar a atenção, o suposto "cosminho" acabou escorregando, o que resultou numa torção em seu braço. Imediatamente terminou a brincadeira, e ele "desincorporou".

Ao final do atendimento, após as "crianças" desligarem-se dos aparelhos mediúnicos, manifestou-se, como de costume, uma preta velha para aconselhamento da corrente e análise do trabalho da noite. Dessa vez, a escolhida pelo guia-chefe foi uma das médiuns mais jovens da casa, um tanto inexperiente, mas séria e estudiosa:

– Saravá! Que Nosso Senhor Jesus Cristo abençoe a todos.

Preta velha, que ficou sentadinha em seu toco, observava atenta e muito contente o trabalho dos filhos com as entidades, no préstimo da caridade. Como preta velha pertencia ao mundo dos mortos, enxergava os dois lados, e, para quem está no plano astral, é fácil identificar com que sentimento os médiuns se entregam ao trabalho. Para que entendam como isso se dá, saibam que "todos os nossos sentimentos possuem cor e som".

Não é porque a sessão era das crianças que as outras entidades atuantes na casa não estavam a postos, coordenando tudo. Entre as entidades espirituais que escolheram trabalhar na umbanda, existia uma sincronia de vibrações, e todos se comportavam como participantes de uma orquestra. Da mesma forma se esperava que funcionasse o lado material, em que os médiuns da corrente formavam um conjunto, e qualquer instrumento que desafinasse prejudicava de alguma forma o concerto.

A energia condizente a esses espíritos que se apresentavam

na forma de crianças tinha grande poder de ação. Eram conselheiros e curadores, trabalhando com a magia dos elementos. Por se apresentarem alegres e brincalhões, não se pode dizer que não podiam ser levados a sério. Pelo contrário, atuavam dando consultas e, como as crianças, que são sinceras, não omitiam aquilo que as pessoas traziam escondido na alma. Só a forma de apresentação era de criança. Atuando no centro de força laríngeo, afinavam e suavizavam a voz do médium, dando a ela conotação infantil.

– Todo o resto que se fazia em nome dessas entidades ficava por conta do medianeiro e de sua criatividade. Por isso, meus filhos, preta velha pede humildemente a todos que procurem trabalhar a criança existente em cada um de vós, fazendo como ela faz, ou seja, não armazene mágoas na alma. Criança, ao se zangar, choraminga na hora, mas em pouco tempo está sorrindo novamente, esquecendo-se de tudo. Criança não faz inimizades porque não aprendeu ainda a sentir raiva e faz tudo com alegria. Diante do Grande Pai, somos todos crianças, por isso precisamos aprender a ter coração de criança também. E, tendo o Pai que temos, de maneira nenhuma podemos ser malcriados, não é mesmo?

E assim despediu-se, deixando todos pensativos.

Ao dirigente da casa coube se impor mais, cortando as arestas dos médiuns, sem se importar com o tempo que ali estavam, pois existem crianças que demoram mais para crescer. Era preciso educar, mesmo que fosse como fez o exu, puxando a orelha ou o tapete quando necessário.

O médium indisciplinado, enquanto curava o braço e se lembrava do motivo da dor, talvez pudesse repensar sobre seus sentimentos e tentar fazer renascer a pureza da criança adormecida que todos guardamos em algum lugar.

À corrente mediúnica caberia tentar afinar bem cada qual seu instrumento, para que a orquestra do plano físico pudesse se harmonizar tanto quanto a do plano espiritual.

À procura de uma resposta

À procura de uma resposta ela já havia passado por vários lugares e, por isso, já havia pagado muito caro. Jovem e bonita, não conseguia entender por que seu coração estava sempre tão triste, a ponto de, mesmo sem perceber, suspirar constantemente como para expelir a tristeza que habitava seu peito. Invejava as amigas que conseguiam se apaixonar facilmente, namorar e viver as coisas normais da idade.

Com ela era diferente, pois nenhum rapaz conseguia despertar sua atenção, mesmo com todos os assédios. Criada em uma família com princípios rígidos, sempre priorizando a moral, como que por castigo seu coração disparava justamente por alguém proibido. Já o conhecia há bastante tempo e sempre procurou fugir de seu olhar, mesmo sem saber o porquê. Porém bastou um esbarrão acidental na rua, tendo sido obrigada a ficar frente a frente com ele, sentindo o calor de suas mãos segurando-a para não cair, para que acontecesse o que temia. Naquele momento foi como se uma grande comporta se abrisse dentro dela, cujas águas invadiram com violência todo o seu ser, desmontando todas as barreiras existentes.

Ele, da mesma forma, enrubesceu e aproveitou para iniciar o diálogo tão esperado. Foi inevitável o primeiro telefonema, assim como todos os outros que se seguiram. Sentindo-se prostituída pelos sentimentos que tentava ocultar, não fugiu de um encontro que mais parecia um reencontro, mesmo dilacerada pelo remorso. Por que ele? Por que aquele sentimento incontrolável, tão bonito, mas tão perigoso? Sofria e era feliz ao mesmo tempo. Por vezes, buscava-o em pensamento e chegava a sentir seu cheiro; outras vezes, expulsava-o de seu coração, impondo-lhe todos os defeitos possíveis, que em seguida se diluíam, ficando somente a lembrança de seu sorriso. Devia ser praga da madrinha uma coisa dessas!

Já vinha freqüentando aquele centro de umbanda fazia bastante tempo, pois sentia seriedade naquelas pessoas de quem recebia um passe reconfortante. Nada perguntava, por vergonha de contar sua história. Como gostaria que aquela preta velha tão amorosa pudesse adivinhar o que tinha no coração e na cabeça para responder às suas indagações; queria tanto que lhe desse uma luz! Esperando pela vez do atendimento, cerrou os olhos e orou aos sagrados Orixás para que pudessem ajudá-la a tirar aquele sentimento do coração.

Quando se ajoelhou em frente à preta velha, entregando suas mãos entre as dela, sentiu que o coração disparava, e a vontade de chorar ficou mais forte.

– Isso, zi fia, faz o chorado, limpa o batedor.

"Lá no cruzeiro das almas...
Eu vi preto velho rezar
Mas era ele, preto velho de umbanda
Veio de longe pra rezar seu patuá..."

Enquanto a preta velha cantava e a benzia com seu galho de arruda, ela deixou que a catarse explodisse aliviando seu peito angustiado.

– Zi fia tá agoniada demais.

– Estou desesperada, minha mãe. Onde estão as respostas que procuro?

– Eh, eh, nega véia vai contar uma história. Zi fia presta atenção:

"Num país distante daqui existia uma linda moça, de beleza estonteante, cujos olhos verdes enfeitavam ainda mais seu rosto moreno e delicado. Os longos cabelos negros lhe caíam além dos ombros, destacando sua figura frágil e delicada. Era a 'moça' mais requisitada naquele cabaré, mas também a mais protegida pela cafetina, que a usava como isca para atrair fregueses, que, logo depois, eram encaminhados às outras mulheres. Muitos deles enlouqueciam, apaixonando-se ardentemente. Viajantes que por ali passavam logo voltavam, tentando levar consigo aquela pérola, oferecendo grandes quantias, todas rejeitadas. Aquela moça parecia isenta de sentimentos. Como não tinha mais família, ali se acomodou, divertindo-se com os constantes assédios. Até o dia em que, durante uma dança, seu olhar buscou a porta da casa como se tivesse sido chamada. Lá estava aquele homem muito elegante, de olhos e cabelos amendoados, cujo olhar penetrou direto em seu coração, fazendo-a estremecer. Naquele mesmo dia, enlouquecidos um pelo outro como se já esperassem por aquilo, fugiram daquele lugar. Não era apenas o encanto de uma paixão. Seus corações já se conheciam e se buscavam. Mesmo escondido, viveram dias de encanto e felicidade, esquecendo-se do mundo, pois descobriram que se bastavam. Tudo transcorria tranqüilamente até que um acidente com uma carroça no despenhadeiro tirou a vida da moça. Enlouquecido, ele a chamava dia e noite, não aceitando que a morte tivesse levado a vida que a pouco encontrara naquele amor tão bonito. Do outro lado o quadro não era diferente. Sentindo-se viva, ela tentava consolá-lo a todo custo, sem sucesso. Foram meses de tormento, e, quando ele estava sentindo que enlouqueceria, fraco e deprimido, buscou, perto dali, no meio da mata, um xamã que se dizia curador e feiticeiro. Ele já o esperava e, após seus rituais, deu-lhe uma beberagem para que se acalmasse e adormecesse um pouco, enquanto chamava o espírito da moça que estava com ele, em total desequilíbrio. Fazendo-a perceber seu real estado fora da matéria, mostrou-lhe a luz, entregando seu espírito aos amigos protetores. Embora renitente em desapegar-se do homem amado, consentiu após a promessa de que haveriam de encontrar-se novamente, em tantas outras vidas, pois aquele amor era de almas, e o tempo não apagaria o sentimento. Assim está sendo e assim será ainda por muitas vidas.

Apenas esbarrões, relembrando que a promessa se cumpre e que continuam perto um do outro. Talvez muito pouco ainda para que suas almas possam matar a sede, mas até que possam se cumprir tarefas atrasadas, os corpos estão impedidos de se unir. Naquele tempo ele abandonou família para fugir com a moça, que, embriagada por tamanha felicidade, ignorou que outra mulher e filhos pequenos padeciam a falta, respectivamente, do marido e pai. Hoje, ele termina de cumprir a tarefa abandonada, e a filha precisa amargar a dor de não poder tê-lo, embora tenha o livre-arbítrio para escolher novamente desfazer um lar, priorizando a sua felicidade. Porém, preta velha aconselha: 'Dívida repetida tem juros dobrados'. O que é uma encarnação diante da eternidade? Um piscar de olhos para Deus. Guarde este amor e faça ele bonito. Por que temos que aprisionar ou ter entre os dedos tudo o que amamos? Deixa o aprendizado gravar o que é necessário em seu espírito para que na hora em que a fruta estiver madura possa ser colhida inteira e saudável. Não queira arrancar de seu peito o que nele foi gravado pelo Criador. Apenas aprenda a cuidar disso com zelo, com a maestria que só possuem aqueles que realmente amam. Siga, filha, siga o seu caminho e canalize esse sentimento a tantos outros que, por nunca tê-lo conhecido, tornaram-se amargos e prisioneiros de rancores. Não se condene mais por carregar algo tão valioso consigo, apenas aquiete-se e compreenda."

Secando as lágrimas e de coração aliviado, ela rezou com a bondosa preta velha, pedindo proteção ao homem amado, para que ele pudesse cumprir, dessa vez, seu compromisso.

Olhares inevitáveis ainda se cruzavam e aceleravam seu coração, mas agora não traziam mais a angústia costumeira. Havia um fio de esperança num futuro que a Deus pertencia e que ela tinha certeza de existir, mesmo que fosse além desta vida.

Deus escreve certo
por linhas tortas

Casados há mais de dez anos e desejando demais um filho, o casal já desanimava diante de tantos tratamentos e de inúmeras tentativas para que ela engravidasse. Uma melancolia foi se estabelecendo naquele lar, e, quanto mais o tempo passava, maior era a expectativa. Sonhavam acordados com uma criança bagunçando o ambiente, com seu riso alegre pela casa, e até com as noites que passariam acordados cuidando de suas cólicas ou manhas.

Desacreditados da medicina, embora católicos, decidiram como último recurso apelar para a "macumba", pois, de repente, isso poderia trazer uma solução. Indicados pela empregada da casa, marcaram consulta com uma senhora que fazia benzeduras em sua casa. Intrigados pela pobreza do lugar, já chegaram lá desacreditados de que ela pudesse ajudá-los, pois, se ela tinha tal poder, porque não ajudava a si própria a melhorar de vida? Sentaram-se em frente à mesa sobre a qual havia um copo d'água, uma vela acesa e um vaso de ervas, além da imagem de Nossa Senhora Aparecida. Receberam então o benzimento, um tanto desconfiados. Ao final, a bondosa senhora solicitou que ambos fossem ao centro de umbanda onde trabalhava, na próxima sexta-feira, pois em casa ela só benzia, e lá eles receberiam um atendimento mais adequado para aquilo que buscavam. A contragosto, assim fizeram.

Sempre tiveram a idéia de que um centro de umbanda fosse um lugar onde todo mundo incorporava os mortos, onde havia gritos, muito barulho e imagens horrendas de homenzinhos vermelhos com chifres. Ao entrar naquela casa, foram surpreendidos por uma música ambiente, clássica, em volume baixo e foram recepcionados por uma jovem sorridente, toda vestida de branco, sendo o ambiente também claro, apesar da simplicidade, estando extremamente limpo e organizado. Os médiuns, ao chegar, acomodavam-se silenciosamente próximos ao congá iluminado por velas e enfeitado com flores.

Abrindo os trabalhos, um senhor efetuou uma prece belíssima, e, ao seu sinal, um grupo de jovens iniciou uma série de pontos cantados. Harmoniosamente, os médiuns incorporavam seus guias e reverenciavam o congá, batendo a cabeça.

Tudo isso foi, ao mesmo tempo, desmistificando a crença deles e envolvendo-os numa energia de paz, devolvendo-lhes a confiança. Ao serem chamados para o atendimento, mesmo com o coração apertado, não hesitaram em acompanhar o cambono até a frente de um médium incorporado por uma preta velha.

– Saravá, meus filhos!

Olharam-se desconfiados sem saber o que responder.

– Essa preta velha está aqui para ouvir o que os filhos vieram perguntar.

"Preta velha?". Só faltava essa agora! No corpo de um homem? Aí tem coisa! Já pensavam em se levantar e sair, quando a preta velha, por intermédio do médium, segurou suas mãos entre as suas e esclareceu bondosamente:

– Os filhos não precisam se assustar. Quem está no corpo físico a vossa frente é um homem, tanto quanto o senhor. Quem ocupa este aparelho agora, para se manifestar e falar com os filhos, é o espírito de uma preta velha, que, se quisesse, poderia se passar por um preto velho. Espírito não tem sexo, a manifestação na carne é que exige como vestimenta a característica feminina ou masculina, por vários fatores. Adequamo-nos às necessidades de ambos, aparelho e espírito manifestante, para que se cumpra a missão programada e, principalmente, para que se dissolvam os preconceitos.

– Bem, sendo assim, nós viemos buscar ajuda para que possamos ter um filho.

– Eheh... e pensam que nega véia vai fazer uma mandinga e tudo se resolve, não é mesmo?

– Bem, sabemos de uma mulher que não podia engravidar e que, buscando isso, conseguiu ter filhos.

– Sabem por que ainda não têm os seus? Porque não querem, só isso.

– É claro que queremos. Tentamos há mais de dez anos.

– Tentam "fazer" um filho, o que é diferente de "ter" um filho. Existem algumas crianças designadas para desfrutar de vosso amor, de vosso colo, de vosso lar. Estão prontas e à espera da recepção de vocês.

– Mas Deus as deve estar escondendo, pois já tentamos inúmeras vezes, e, apesar de não constatarmos nenhum problema físico, a gravidez não acontece.

– Eheh..., zi fia já está grávida há dez anos. Grávida de amor, de vontade de ser mãe. O parto não acontece porque os filhos se apegaram à imagem de uma barriga que não acontece.

Um tanto desconfiados, eles procuravam entender as palavras da preta velha, enquanto ela visualizava na tela do tempo o filme que mostrava a semeadura da atual colheita. Lá estava gravada a cena daquela mulher de vida fácil, que, por várias ocasiões, bateu à porta daquele médico irresponsável para que pudesse abortar a gravidez indesejada. Ele, além de ganhar dinheiro, era atendido por ela em seu domicílio quando a esposa viajava. Alguns daqueles espíritos impedidos da oportunidade terrena tornaram-se obsessores, levando-a a um forte estado de depressão no final da existência. Com o corpo plasmático marcado pelos abusos efetuados no plano físico, voltava ela estéril na atual encarnação. O antigo médico, hoje seu esposo, da mesma forma enlouqueceu atordoado pelo remorso e desencarnou em total desequilíbrio, o que o obrigou a drenar parte disso nos umbrais. Hoje, o desejo de ambos de gerar vidas era compreensível. Vidas que eles mesmos haviam tirado no passado.

– Os filhos já pensaram na possibilidade de adotar uma criança?
– Já pensamos, mas tememos que venha com uma genética ruim.
– O que ambos precisam entender é que, além da genética, a maior influência que uma criança pode sofrer são as tendências gravadas no espírito e que vão se manifestar de acordo com a necessidade de aprendizado do ser que reencarna e dos pais que o recebem. Nem sempre nossos filhos nascem de nosso ventre. Os caminhos que o Pai encontra para fazê-los chegar até nós são diversos e nem sempre estão de acordo com nossos desejos, mas sempre de acordo com a Lei, pois ela é inexorável.
– Neste mundo onde ainda reside o egoísmo, existem muitas crianças abandonadas e necessitadas de um lar. E mesmo nessa condição elas são agradecidas, pois poderiam ter sido abortadas, o que seria dramático para um espírito necessitado de resgate terreno.
– Não consigo entender como alguém consegue abortar um filho! – exclamava a mulher.
– Eheh, zi fia. O coração das pessoas muda com o passar do tempo, graças a Deus! Mesmo que seja com a dor, por isso ela ainda existe na Terra. E o nosso Pai precisa desses corações bondosos para que, com eles, possa continuar auxiliando e dando continuidade à vida. Quem aborta é porque não aceita receber aquele filho. E quem não adota, será que não está abortando também? Abortando a possibilidade de um espírito ganhar família, educação e vida saudável. Pensem nisso, filhos, e façam o parto desses filhos que esperam nascer em vossos braços.

Eles foram para casa embalados pelas palavras recheadas de sabedoria e bondade da preta velha. Seus espíritos haviam ganhado novo alento e sentiam a esperança renascer. A vida agora deveria ser vista sob outro foco, com outras lentes.

Como nada é por acaso, ou seja, tudo está programado no Universo, no outro dia batia em sua porta uma mulher grávida. Papeleira, pobre e com sete filhos entre um e dez anos, queixava-se de mais uma gravidez. Inquirida a respeito, confessou que gostaria de doar a criança a alguém que pudesse criá-la em melhores condições que ela.

Dentro de três meses aquele lar recebia uma linda menina,

além da condição de auxiliar seus sete irmãos. Eles retornavam ao lar que lhes omitira amparo no passado.

– Eheh... camboninho acredita agora que Deus escreve certo por linhas tortas?!

As armas não matam

Embora já tivesse sido esclarecida em outras oportunidades por meio da palestra inicial que abria os trabalhos daquela casa de caridade, a senhora insistia em querer falar com um guia. Tinha certeza de que o convenceria de que estava com a razão, pois não agüentava mais ficar inerte diante do que a incomodava. Não que ela fosse de freqüentar "locais como aquele", mas já que a pessoa que era a razão de seu desalento era disso, teria de fazer o mesmo jogo.

Naquela noite chegou cedo e pegou a ficha número dois. Estava decida e colocar um ponto final em seu problema, e nem o frio e a chuva a impediram de sair de casa, apesar da dor que sentia, resultado do reumatismo nas pernas.

Quando os trabalhos se iniciaram, ela se perguntava apreensiva:

— Por que tanto rodopio e cantarola, em vez de partir logo para o atendimento? Será que não percebem que a gente está se sacrificando aqui nessa espera?

— Ficha número dois.

— Até que enfim! Ajude-me, moço, a subir o degrau, e já vou avisando que não tiro meu calçado, pois tenho reumatismo.

O cambono sorriu e respondeu-lhe que não era necessário.

— Além disso, não posso me ajoelhar no chão. Traga-me uma cadeira — ordenou ela.

Pai Joaquim, fumegando seu cachimbo, sorria batendo o pé ao som da curimba.

— Como está, zi fia?

— Olha aqui, "seu guia", eu esperei horas aqui no frio, e, por isso, acho que mereço uma solução para o meu problema. Eu sei que se vocês quiserem poderão me ajudar.

— Eheh... preto velho quer ajudar a filha, o que ele não sabe é se a filha quer ser ajudada.

Ignorando a resposta, continuou com se azedume:

— Só tenho um filho homem que veio depois de cinco filhas e o criei com o maior zelo. Sempre dei do bom e do melhor, até curso universitário eu paguei para ele. Sempre o imaginei casando-se com uma doutora, moça de família, pois ele merece. Acontece que uma "rampeirinha", pobre, sem instrução e ainda por cima macumbeira enrolou meu filho, e ele está perdidamente apaixonado. Imagina que ela é empregada doméstica!

Já fiz de tudo o que sabia para separar os dois, mas nada adianta. Ele, que sempre me ouviu, agora até mentir já mentiu. Por isso quero encomendar uma macumba bem forte, mas tem quer das boas, pois ela também lida com essas coisas.

Pai Joaquim, que a ouvia com atenção, observava os "fantasminhas" que rodeavam o corpo energético da mulher. Eram as formas-pensamento emanadas por sua mente desequilibrada. De seu cardíaco saíam faíscas de energia vermelha, demonstrando o sentimento de raiva que nutria. No final de sua coluna vertebral, onde o chacra básico vibrava intensamente o materialismo, vertia um líquido viscoso que alimentava espíritos deformados, grudados a ela por afinidade. De sua nuca saía um fio escurecido que se perdia no espaço.

Apurando a visão astral do médium que lhe servia de aparelho e aproveitando sua consciência elevada em relação ao trabalho mediúnico, bem como seu entendimento, por ser estudioso, o preto velho mostrou-lhe a quem estava ligada a consulente. O fio terminava num bolsão de energias densas onde se localizam, entre outros, o espírito de um antigo algoz, adestrado em magia negra e que, por essa ligação, mantinha-a sob seu controle e sua vontade.

Pai Joaquim providenciou imediatamente com o guia-chefe uma ordem de busca e apreensão que se deu sob o comando das falanges de Ogum, por intermédio do exu de sua serventia. Foi cortada a ligação que, apesar de ter se dado por afinidade vibratória, estava contrariando a Lei, uma vez que se colocava em impedimento o exercício do livre-arbítrio de dois espíritos envolvidos na trama – o filho e a nora da senhora. A mulher imediatamente sentiu isso no físico, ameaçando desmaiar, pois já estava acostumada àquele tipo de vibração baixa.

Os espíritos retidos foram encaminhados aos tribunais de Xangô, onde seria respeitada e executada a Lei, sem, em momento nenhum, desrespeitar seus direitos. Teriam a chance de escolher o aprendizado em escolas apropriadas, até que suas consciências pudessem retornar ao caminho do bem. E assim foi, porque de nada adiantaria trazê-los até o local e tentar uma conversa ou doutrinação. Além de perda de tempo, seria irresponsabilidade do guia expor um médium a uma energia extremamente negativa que lhe desequilibraria os centros de força. Esses espíritos que ainda persistem renitentes à reencarnação e trabalham com magia negra no astral, usando os encarnados seja como auxiliares, seja como cobaias, seja ainda como vítimas, não se dobram a uma conversa de alguns minutos como ainda acreditam alguns médiuns. Eles possuem um conhecimento abastado no campo da magia, da ciência e do psiquismo humano. Não se detêm mais com pequenos condensadores a que se chamava antigamente de feitiço. Usam tecnologia avançada, como minúsculos *chips* energéticos que são colocados em pontos estratégicos do corpo energético, preferencialmente no cérebro, por onde comandam, usando artifícios ainda desconhecidos pela maioria dos humanos.

– Zi fia tá muito nervosa, precisa se acalmar.

Com a fumaça exalada de seu cachimbo provocada pela queima do fumo, o preto velho desagregava os miasmas que se avolumavam ao redor da mulher. Por intermédio do trabalho de outros falangeiros da Luz, foram desligados e socorridos aqueles espíritos que a vampirizavam em verdadeira simbiose. Evocando as salamandras, agora eram transmutadas as energias, para que depois os trabalhadores da vibratória de Oxossi pudessem atuar, curando seu corpo etéreo e reestruturando suas usinas energéticas.

O tempo, no plano astral, diferencia-se do tempo físico e, passados apenas alguns minutos no relógio terreno, já havia sido efetuado todo esse trabalho no plano astral. Agora sim, pai Joaquim podia iniciar o diálogo com a mulher.

– Zi fia quer uma macumba e pensa que isso vai resolver a vida.

– Tenho que apelar, afinal ela trabalha com isso e já enfeitiçou meu filhinho. Acho que até eu já fui envolvida em suas macumbas, pois ando fraca das pernas.

– Nego véio vai dizer para a filha que não existe macumba nenhuma, para ninguém dessa história. Aquela moça que descobriu ser portadora de mediunidade está trabalhando na caridade em mesa kardecista, auxiliando aos sofredores, e nem sabe fazer macumba. Seu filho, que é adulto e responsável, apaixonou-se por ela porque tem uma alma bonita. Além do mais, uma ligação do passado que ainda necessita de ajustes está retornando para que os três espíritos envolvidos possam dissipar o mal-entendido. E, dessa vez, filha, é preciso que o seja por intermédio do amor. Lá no passado quem usou de magia para roubar o marido dela, hoje seu filho, foi você. Nego véio aconselha que não use novamente desses artifícios, pois asseguro que a única prejudicada será a própria filha. Hoje ele é seu filho, não sua propriedade. Tem capacidade pensante e sentimentos próprios, os quais você não pode comandar. De que adiantaria ele se casar com moça rica se na relação não houvesse amor, respeito e dignidade? A maior pobreza é a do espírito, aquela que leva os homens a enxergar o supérfluo, o exterior em detrimento da essência. O dinheiro não compra lugar no Céu nem enxuga lágrimas.

– Se ama mesmo seu filho, liberte-o para viver sua vida, enquanto a senhora vive a sua. Melhore seu humor, filha, pois azedume estraga o fígado, entope as veias e enrijece a musculatura, podendo ocasionar um enfarto. Abra seus ouvidos quando ouve o Evangelho e desista de querer o mal daquela filha, pois não vai ser nesta casa que isso vai acontecer. Aqui praticamos a caridade em nome de Cristo Jesus, e o que você quer pode ter gente por aí, nesse mundão de meu Deus, que realiza, inclusive e infelizmente com o nome de umbanda, mas asseguro para a filha que não é com o consentimento dos guias espirituais de luz e que também não é trabalho de umbanda, do espiritismo ou de qualquer outro segmento que trabalhe em o nome de Deus. Forçar uma situação por meio da manipulação dos elementos mágicos, com uso indiscriminado das energias, mesmo que seja de uma mãe com a "boa intenção" de ajudar um filho, é prática de magia negra. E para quem a pratica a Lei Maior reserva a reação como reeducação.

 A mulher, que de boba não tinha nada, engoliu em seco cada palavra e, embora contrariada, ficou receosa de que viesse a ter um enfarto, pois tinha muito medo de morrer. Assim, pedindo benzimento para curar seu reumatismo, saiu dali pensativa. Tomando o chazinho de erva calmante receitado por pai Joaquim e lendo a prece de Cáritas, quando adormecesse seria transportada por ele em corpo astral para receber ensinamentos e ouvir palestras edificantes em paragens de luz. Agora, sem a influência da obsessão, ficava mais fácil ajudá-la. Precisava se harmonizar, pois pouco tempo lhe restava ainda na Terra. Como um suicida, ela encurtara em muitos anos sua vida física com a auto-obsessão exercida pela amargura, o materialismo e a rigidez mental.

 – É, meu camboninho, os homens se enganam quando pensam que são as armas que matam. Quem mais mata, inclusive a si próprio, é o próprio homem. As armas, camboninho, sem a mão do homem são inofensivas.

Julgando atitudes

Ignorando a presença dos benfeitores espirituais no ambiente, alguns dos médiuns costumavam reunir-se no vestiário do templo para que pudessem colocar o papo em dia, antes de iniciar a sessão de atendimento ao público. Especialmente naquele dia, em alvoroço pelos últimos acontecimentos políticos do país, tendo os noticiários enfatizado a corrupção descoberta dentro do Congresso.

– Ninguém é confiável dentro da política, são todos ladrões – comentava um deles.

– Enquanto nós passamos miséria aqui em baixo, lá em cima, eles que têm o poder nas mãos roubam-nos em plena luz do dia – respondia outro.

– De que adianta pagarmos tanto imposto se o dinheiro é usado para eles usufruírem, enquanto o país padece com falta de educação, de saúde, de estradas, além do problema da fome?

– São todos ladrões desavergonhados. Roubam milhões e não recebem punição, enquanto o pobre, quando rouba galinha para comer, vai para a cadeia.

– Por isso sou a favor da pena de morte.

E assim os debates continuavam acalorados, atiçando a raiva e a revolta existente no coração de cada um deles. A repercussão daquilo no astral eram emanações energéticas grotescas que se aglomeravam no interior do ambiente que já havia sido preparado pela espiritualidade, baixando a vibração dos médiuns que logo se aliaram a uma faixa em que espíritos afins aguardavam companhia material.

Saindo do local, dirigiram-se à frente do congá, onde foram bater cabeça e fazer a oração de conexão inicial com seus protetores. Ignoravam, porém, que haviam criado campo magnético extremamente grosseiro ao seu redor, tornando-se inacessíveis a espíritos de melhor vibração. Era preciso muito mais que uma prece para que se transmutasse a energia arrecadada.

Na concepção dos médiuns revoltados com os políticos, não interessava o que se pensava ou fazia anteriormente ao início dos atendimentos. Lá dentro eles eram médiuns e aparelhos para os guias, lá fora, homens comuns. Para eles, o importante era cumprir a missão.

Aberta a sessão que naquele dia era gira de preto velho, iniciaram-se as incorporações. Sem entender por que os três médiuns mais antigos da casa não estavam conseguindo se conectar com seus protetores e por que suavam demasiadamente, o dirigente os levou até a frente do congá. Imediatamente, nele mesmo manifestou-se um exu que executou o trabalho de "descarrego" das emanações telúricas que se adensavam acima de suas cabeças, impedindo a conexão que naquele momento se efetuava.

O trabalho seguiu em ritmo normal, e, no final, por intermédio do dirigente da casa, uma preta velha se manifestou para conversar com a corrente mediúnica:

– Salve os manos da terra! Um dia o grande mestre Jesus visitou a Terra e deixou aqui gravado seu exemplo de homem bom. Nunca alguém o escutou mentindo, viu-o roubando ou julgando, mesmo inserido no mundo onde os homens praticavam tais atos. Foi acusado injustamente, julgado e condenado. Tinha o poder de modificar seu destino se assim o quisesse, mas sabia que nada se ensina senão pelo exemplo, por isso perdoou seus ofensores. Desceu às trevas antes de subir aos Céus e levou consigo quem mais o havia maculado. Atualmente, a maioria da humanidade se julga cristã, muitos brigam e se dizem donos da imagem de Cristo, carregam crucifixo no peito, mas poucos seguem seus ensinamentos. Aqui mesmo, neste terreiro, reza-se o Pai Nosso, mas alguns só lembram da última frase que diz: "livrai-nos de todos os males". Os filhos da Terra ainda se acham no direito de julgar uns aos outros, quando deveriam ter a preocupação única de reforma íntima. Se estivermos vestidos e calçados adequadamente, a chuva não nos molha, mas, se sairmos distraídos no temporal, ele pode nos arrastar para a lama. O poder e a ambição, quando desmedida, corrompem facilmente as melhores estruturas humanas. Julgar as atitudes do outro pode ser perigoso, uma vez que não sabemos como agiríamos em seu lugar. Todos ainda carregam dentro de seu inconsciente tendências para serem corrigidas; a reencarnação oportuniza esse saneamento. Em cada vida descerá à consciência física tudo o que precisa ser arrumado, e nem sempre os filhos conseguem voltar com a casa em ordem. As tentações da matéria ainda assinalam árduo resgate. Corromper-se, no entanto, independe da posição ocupada na matéria, mas de estrutura moral e evolução espiritual, de valores recebidos desde a tenra idade e da vontade de melhorá-los dia a dia. Quem dos filhos nunca desobedeceu a nenhuma lei? Quem nunca sonegou, mentiu ou pelo menos tentou enganar alguém? Ladrão não é assim designado pelo tamanho ou pelo valor do roubo, o é simplesmente porque rouba, seja uma moeda, uma caixa de fósforos, um carro ou um avião. Mentira vai ser sempre danosa, mesmo que pareça inocente. Tirar vantagem de pequenas coisas denota claramente que assim seria diante de grandes oportunidades. São atitudes com as quais se consegue enganar os homens, mas que ficam registradas na sutileza dos corpos internos de cada um para que, na hora do acerto de contas, o juiz chamado "consciência" possa levar ao tribunal. Os erros dos outros devem servir para que não os incorporemos a nós. Façamos a nossa parte bem feita, a exemplo de Jesus, e repensemos em tudo o que está acontecendo no mundo. Nada nos vem como castigo, mas como reação de nossas ações. Esta é a Lei.

De cabeça baixa, todos encerraram a sessão com uma prece

dirigida aos governantes, pedindo sabedoria e paz na Terra aos homens de boa vontade.

O respeito à fé alheia

— Vou chamar um padre, sim senhora!
Esbravejava ao lado do caixão a filha inconformada pelo fato de ainda não ter um padre presente no funeral.
— Agora as coisas vão ser do meu jeito. Já chega a aflição que passei por ela ter mudado de religião depois de velha. Pelo menos vou dar a oportunidade de sua alma se salvar do inferno, pois o padre certamente vai perdoá-la de seu pecado.

Dona Maria havia adoecido fazia mais de um mês, quando a diabete alterou demais sua saúde, levando-a ao desencarne. Em todo esse tempo, a filha que morava em outro Estado só fazia telefonar para o hospital para receber notícias. Ficou mais de ano sem visitá-la. Na verdade, todos os amigos de dona Maria, que eram numerosos, sabiam que a filha tinha vergonha da mãe, por sua humildade. Lavadeira de roupa, foi com esse trabalho que dona Maria pagou a faculdade de sua única filha, que, depois de casada, mudou-se para longe, praticamente abandonando a mãe.

Desde muito nova, dona Maria benzia as crianças que a procuravam, o que também sempre foi alvo das reclamações da filha. Assim que a filha se casou, a bondosa benzedeira resolveu assumir de vez sua mediunidade, integrando-se a um Centro Espírita Universalista, onde recebia uma preta velha para trabalhar nos atendimentos de socorro espiritual. Lá, entre os irmãos de corrente que a estimavam e respeitavam, ela encontrou uma verdadeira família. Por dez anos executou essa tarefa, levando alento e conforto a muitos encarnados e desencarnados.

Naquele momento, seu corpo estava ali, inerte, e os irmãos da Casa Espírita, embora tristes pela perda física de dona Maria, silenciosos, faziam suas preces entre leituras do Evangelho, buscando auxiliar a espiritualidade no desligamento do corpo energético. Ao fundo, o som da Ave Maria orquestrada em volume baixo fazia com que as pessoas que ali chegavam se silenciassem também.

Pomposamente, chegou a filha exigindo que colocassem um rosário entre suas mãos e que chamassem o padre para encomendar o corpo. Desligou a música e conseguiu, de certa forma, desarmonizar o ambiente.

Do outro lado, dona Maria, que em corpo espiritual estava adormecida e tranqüila, colaborando, assim, com a espiritualidade no processo natural de desligamento dos cordões energéticos, ressentiu-se com a quebra vibratória provocada pela filha. Foi preciso esforço redobrado da equipe, auxiliada pelos irmãos encarnados, que, saindo dali quase atropelados, reuniram-se na casa de caridade para de lá ajudá-la.

Providencialmente, as emanações positivas da corrente mediúnica realizadas com amor foram aproveitadas pela equipe espiritual, bem como o ectoplasma gerado e doado, que foi utilizado como condensador para formar um casulo energético de proteção ao espírito, isolando-o dos acontecimentos que circundavam o corpo físico.

O jovem padre que foi chamado para a cerimônia fúnebre conhecia dona Maria fazia muitos anos, pois, quando criança, freqüentemente era levado por sua mãe para receber os benzimentos dela. Sabia que ela era espírita e a respeitava muito também por isso. Tal fato tanto é verdade que, muitas vezes, quando sua fé balançava ou ele não encontrava respostas para as perguntas de seu coração, buscava socorro nos conselhos sábios de dona Maria, que, mesmo sem incorporar, era intuída pela preta velha, sua protetora. Dessa forma, o sacerdote realizou a cerimônia e dirigiu algumas palavras de conforto aos amigos e à filha, que era toda a família que dona Maria ainda tinha na Terra.

Quando ele já se retirava, a filha de dona Maria pediu um instante de sua atenção e indagou-lhe sobre a religião que sua mãe estava seguindo, se isso não necessitava de que ele perdoasse sua alma, para que ela se salvasse. A preta velha que trabalhava com dona Maria, ali presente no plano astral, já havia esgotado toda a tolerância que era possível no caso em questão, mesmo para um espírito de seu entendimento, e, com a permissão de seus superiores, aproximou-se do bondoso sacerdote e, por irradiação direta num de seus centros de força, usando-o como aparelho mediúnico, falou:

– Filha, se alguém aqui precisa ser perdoado somos nós, que não soubemos valorizar essa alma bondosa que abandona o corpo físico hoje. Ela foi um exemplo de doação, de caridade, e pessoas assim já têm o Céu na Terra. Religião é apenas uma bengala em que nós, seres imperfeitos, ainda nos apoiamos para conseguir andar, pois somos todos mancos. Nós é que temos que pedir perdão à alma de dona Maria por não estarmos respeitando sua escolha religiosa no momento em que sua boca cala e, portanto, não pode expressar seus desejos. A fé das pessoas é como o sangue que corre nas veias. Cada um pertence a um grupo específico, e, no caso de transfusão, é preciso injetar o mesmo tipo ou corre-se o risco de perda. Sorte de dona Maria que pertencia ao grupo "universalista" e por isso fica receptiva a qualquer socorro. O momento do desenlace tem de ser de profundo respeito por parte dos que ficam, pois nem sempre a alma que parte compreende e aceita de prontidão o socorro. Isso eu aprendi com dona Maria, pois ela foi uma mestra querida. Pena que você, como filha, tenha ficado tão distante por tanto tempo, perdendo, assim, uma grande oportunidade de aprendizado. Não há, de minha parte, o que perdoar a dona Maria. Há de se pedir perdão. Mesmo porque a condição de sacerdote não me faz um "deus" para perdoar a quem quer que seja. Quero ser um instrumento nas mãos d'Ele, e tomara um dia eu consiga ser um pouquinho do que foi dona Maria na Terra.

Filha, respeite agora a vontade de sua mãe e deixe que os amigos espíritas dela realizem a cerimônia de acordo com a fé que ela professava. Dê-lhe esse direito, pelo direito que ela lhe deu de escolher o seu caminho.

Estranhando a atitude e as palavras do padre, a mulher calou-se. Mesmo assim, fez tudo a seu modo, não sendo contrariada em momento nenhum.

O padre se retirou e só se deu conta do que tinha falado quando entrou em seu carro. Ficou por mais de meia hora pensativo, refletindo sobre cada palavra que saíra de sua boca e que sabia não serem suas.

Lembrou-se, então, de uma conversa com dona Maria, de muito tempo atrás. Ela lhe falava sobre "mediunidade", dizendo que era algo com que já nascíamos, independentemente de raça, classe social ou credo religioso. Bastava que praticássemos com ela a caridade de forma incondicional e teríamos amparo divino. Explicou-lhe sobre espíritos e sobre como eles atuavam por nosso intermédio, que somos seres encarnados para auxiliar quem precisa. Insistia em repetir que ele tinha um coração de muita luz e que um dia, para retribuir as benzeduras da infância, ele encomendaria seu corpo. Riam muito quando ela dizia tais palavras. Agora, ali estava ele diante daquela situação, e uma pergunta veio à sua cabeça:

– Onde estará agora minha amiga Maria?

Olhando para o Céu, uma estrela cadente apareceu e sumiu no horizonte.

O sacerdote sorriu. Dona Maria tinha razão: "Tudo é mistério até que se desvende; depois passa a ser somente mais uma verdade ou apenas uma mentira".

Drágeas de amor e cápsulas de perdão

Estava se tornando rotina ela acordar no meio da noite com taquicardia, suando muito e com uma sensação de morte. A situação evoluiu de tal maneira que a mulher evitava adormecer por medo das sensações. O cansaço e o esgotamento foram tomando conta dela, até que resolveu consultar um psiquiatra. O diagnóstico foi de "síndrome do pânico". Iniciou-se um tratamento à base de psicotrópicos, o que amenizou a situação. Seu físico, no entanto, debilitava a olhos vistos, e, além dos efeitos colaterais do medicamento, agora estava depressiva. Uma tristeza sem motivo aparente invadia seu coração e, embora chorasse constante, a angústia parecia infindável.

Vendo-a naquela condição deplorável, seu noivo, que fora criado dentro de uma fé sólida, aconselhou-a a procurar tratamento espiritual, ao que ela renegou, em sua condição de descrente. Os dias passavam, e sua saúde piorava, até o momento em que, após uma crise forte, ela convulsionou. Foi internada em um hospital e lá permaneceu por vários dias inconsciente por causa dos calmantes. Quando recebeu alta hospitalar, seu noivo a levou direto ao terreiro de umbanda onde sua avó trabalhava, mesmo contra a vontade da noiva, por entender que, se nada fosse feito imediatamente, ela acabaria morrendo à míngua.

Lá foi acolhida e deitada numa maca em sala separada, pois nem condição de permanecer sentada ela tinha. Logo começaram os atendimentos, e a preta velha vovó Catarina, incorporada em seu aparelho, foi designada para atender a doente. Estalando os dedos e fumegando seu "pito", ela foi logo tratando de efetuar a limpeza ao redor daquele corpo, que, em decorrência da depressão, atraíra muitos outros espíritos doentes. Auxiliada pelas falanges da umbanda que trabalhavam naquele terreiro, em conjunto, mas disciplinadamente, cada um atuava em sua área específica, efetuando profilaxia no plano astral.

Mesmo sem entender como aquilo poderia ser útil, ela sentia que aos poucos uma paz começava a invadir sua alma. Os pontos cantados, o estalar de dedos, a fumaça, o cheiro das ervas... Ela absorvia o som, o cheiro, as imagens, e sua cabeça, que já andava com muito pouca capacidade de formular pensamentos conexos, agora parecia desanuviar-se. Embalada pelos atabaques, adormeceu.

Para vovó Catarina se desenhava, no plano astral, todo o processo que as vistas físicas não conseguiam alcançar e que eram o motivo por que tudo o que tinha sido feito até então não resultara em melhora. Chamando o noivo da moça, a bondosa preta velha sentou-se em um banquinho e explicou:

– Nega véia sabe que zi fio tem fé, por isso vai abrir as tramelas e falar. Essa neguinha adoentada está vivendo uma época de sua encarnação programada para receber um espírito que precisa renascer. Quando desdobra durante o sono, está sendo levada até as paragens do mundo astral para que possa realizar a aceitação do espírito. Acontece, zi fio, que, quando fora do corpo físico, ela tem consciência de quem foi esse espírito e por isso reluta em aceitá-lo, por isso acorda em pânico, entrega-se à tristeza, à auto-obsessão que ela mesma acabou criando, ao ponto de desejar morrer. Tem sido auxiliada por seus protetores, a quem pouco escuta pelo extremado racionalismo. Em outras épocas, essa moça vestia um corpo masculino e tinha a missão de curar, na profissão de médico. Em tempos difíceis de carestia pós-guerra, onde o alimento era racionado, ele conseguiu fazer fortuna. Contratado para tratar de um renomado nobre que havia sido atingido por uma doença comum, matou-o com envenenamento medicamentoso, para ficar com a viúva rica e desconsolada. Depois dessa atitude mesquinha, os dois espíritos tiveram muitos outros encontros, tanto no astral como no físico, na tentativa do perdão; todos falhos em função do orgulho latente de ambos, que aflora assim que descem à carne, ignorando todo o comprometimento assumido antes de reencarnar. Em cada retorno ao mundo dos mortos, após drenar o excesso de negativismo em zonas de sofrimento, comprometem-se novamente a mudar. Como chance derradeira, ganharam agora a oportunidade de serem mãe e filho. Sabedores da dificuldade de ambos, os espíritos responsáveis tentam de todas as formas equilibrar o psiquismo da moça, pois, se acontecesse a gravidez de forma compulsória, certamente abortaria. Então, zi fio, esse "mal" pelo qual a filha está passando é providencial para que ela viesse buscar ajuda espiritual. Precisa tratar do orgulho, aprender a perdoar e aceitar que nada é castigo, mas oportunidade. Este é o medicamento que sua alma reclama. No astral, zi fio, aceitou ser o pai dessa criança que precisa nascer na carne, mesmo sabendo que ela vai ser sindrômica, porque zi fio faz por amor e não tem culpa no cartório. Ela, no entanto, atordoada pela culpa que jorra de seu inconsciente, reluta temerosa. Por isso é preciso que zi fio, em nome do amor, ajude a neguinha a conhecer e acreditar naquilo que os olhos não vêem.

Já em casa, a moça foi sentindo que melhorava dia após dia, até que conseguiu ganhar alta médica e abandonar os medicamentos. O que não poderia abandonar era a visita ao terreiro de umbanda, pois lá o tratamento continuava. Além de transmutar as energias, recebia o alento dos sábios ensinamentos dos pretos velhos e caboclos, mudava a maneira de ver a vida, de sentir o mundo. Clareava seu mental atordoado pelas culpas do passado e investia seriamente na reforma de seus sentimentos com terapias e leituras edificantes. A cada conquista era aplaudida por uma torcida invisível e pelo noivo sempre companheiro e atencioso.

Mais de um ano havia se passado e fazia três meses que tinham se tornado marido e mulher, quando a notícia de uma gravidez encheu de alegria aquela casa, alegria esta que só foi superada com a chegada de uma menina rechonchuda. No auge da alegria por ser mãe, ela não conseguiu observar nos primeiros instantes as deficiências existentes no pequeno ser. Quando os exames confirmaram a síndrome, um abatimento quis lhe turvar os pensamentos, mas logo foi sanado pela maneira como aqueles olhinhos negros fitavam os seus enquanto sugava seu peito.

Era preciso amar! Era imprescindível amar!

O aspecto físico da menina era prontamente esquecido quando alguém fitava seus olhos que expressavam algo enigmático, capaz de conquistar o coração mais endurecido.

– Zi fio, os homens da Terra precisam inventar drágeas de amor e cápsulas de perdão, já que precisam tanto de remédio, eheheh. E nega véia só precisa de mais um pito, depois vai-se embora. Saravá!

O perdão não tem contra-indicação

As lembranças de uma infância atribulada ainda ressoavam na memória daquela senhora de meia-idade. Embora houvesse tentado não cometer os mesmos "erros", equivocou-se na educação de seus filhos. Foram mimos demasiados, excesso de cuidado, e tudo isso os levou a sofrimentos inevitáveis.

Lembrava-se da mãe que, além do mau exemplo, traindo o marido a olhos vistos, não dava carinho nem atenção às crianças, além do pai alcoólatra e agressivo que fazia com que eles o temessem e não o respeitassem.

Lembrava-se das noites de insônia provocadas pelo medo de que o pai cumprisse a promessa de matar a mãe, das vezes em que chorava baixinho, encolhida debaixo da cama, seu refúgio; lembra-se também da falta de diálogo, de conselho, de amor, da adolescência sem instrução sobre as transformações que o corpo sofria, da vergonha de levar os amigos para dentro de casa, das piadinhas que era obrigada a ouvir na escola sobre o desregramento dos pais e de como isso a machucava, pois, embora todos os defeitos, eram seus pais.

Lembrava-se da morte do pai e da frase dita pela mãe que retumbava em seus ouvidos: "Ainda bem que ele se foi. Só incomodava mesmo!".

Lembrava-se, ainda, de quando teve de sair de casa em plena adolescência para buscar seu destino. Tímida, inexperiente e medrosa, fora jogada nos braços da vida, tendo de aprender a duras penas que as pessoas mentem, logram, julgam, machucam. Seu suor era seu sustento, e, apesar dos assédios, jurou que se manteria correta. Amores, desamores, alegrias e muitas dores fizeram sua caminhada.

Saudades da família. Mas que família? Saudades do pai, cuja figura era idolatrada pelas amigas, mas que, para ela, nem a lembrança que guardava chegava a ser boa. Sentia saudades da mãe que não dava notícias, embora soubesse que ela se sentia feliz por estar longe, já que não concordava com suas atitudes.

Depressiva pelo presente e pelo passado, passou a ter crises de culpa por não conseguir sentir amor por sua mãe. Em seu íntimo algo gritava "urgência" para resolver tal sentimento.

Em poucos dias chegou a notícia de que sua mãe estava muito doente.

A idéia de que ela pudesse morrer em breve atiçou mais ainda sua consciência, que brigava entre o perdão e a mágoa da qual não conseguia se libertar.

Fazia algum tempo que começara a freqüentar um terreiro de umbanda, onde gostava principalmente das palestras que ensinavam as pessoas a melhorar enquanto vivas, evitando sofrimentos posteriores. Naquele dia solicitou uma ficha de atendimento, pois precisava desanuviar a mente.

– Saravá, zi fia!

O cumprimento do preto velho foi como um detonador das emoções represadas dela, que, sem responder, deixou as lágrimas saírem de seus olhos, em choro doído.

"Descarrega umbanda
Vem descarregar
Descarrega a filha
Que ela é filha de Oxalá"

Cantava o preto velho, enquanto batia nas costas da mulher com um galho de arruda. Colocando a mão em seu peito, fez lá suas mandingas para retirar uma mancha escurecida que se fixara no corpo astral dela. Aquela energia condensada já fazia parte de seu agregado qual simbiose e, ao ser retirada seu corpo físico, acusou a falta com uma ardência no local.

– Zi fia já estava acostumada com esse nó apertando o peito, mas é preciso desatar antes que o "batedor" canse de fazer força para continuar pulsando.

O preto velho, chamando o cambono, solicitou que ele pegasse um pano branco, água e algumas ervas, com o que fez um emplastro. Limpando à altura do fígado da mulher, com seu galho de arruda e algumas baforadas de seu cachimbo, segurou o emplastro sobre o local por algum tempo, enquanto, com sua voz pausada, esclarecia amorosamente:

– Zia fia está atribulada! Preto velho pode ver que dói o coração e que o alimento que engole já não assenta mais no estômago.

– É verdade. Vivo com indigestão.

– Preto velho vai dizer que a filha está sofrendo por causa da mágoa e para essa dor só há um remédio que não está à venda. A mágoa cria um casulo enegrecido que enclausura alguns órgãos, principalmente o fígado, impedindo-os de funcionar. Com o tempo, esses órgãos adoecem, e, se a energia persistir, de pouco adianta tratar o físico, pois, ao desencarnar, leva-se essa marca impressa no corpo astral, modelador do físico na próxima encarnação. Quantos seres ainda na infância precisam de transplante de órgão, sinal evidente de carma gerado em vida passada.

– Meu pai, eu não quero essa mágoa, mas não consigo me libertar dela. Minha mãe nunca fez nada para que eu a amasse, pelo contrário.

– Preto velho tem de perguntar uma coisa para a filha: quem foi que a pariu?

– Ela.

– Parir nem sempre atesta amor ou bondade, mas é a maior oportunidade que pode ser dada a um espírito necessitado de reajuste. Milhões deles, enfileirados, aguardam uma barriga que os aninhe, oportunizando a bênção do esquecimento das torturantes dores da consciência. Preto velho sempre fala que do outro lado não há aspirina. Lá a dor é dor, por isso a matéria é tão importante, pois é onde nos escondemos por um tempo precioso, além de poder, por meio dela, drenar as impurezas que agregamos no espírito ao longo da caminhada. Você, filha, era um desses espíritos ansiosos pela reencarnação. Por necessidade e afinidade, teve de vir por intermédio desses pais, pois, na execução das leis divinas, não existe acaso. No passado, foram filhos abandonados; hoje são pais omissos. É hora de encerrar o ciclo, de curar as desavenças, e cabe a você fazer isso. Não se omita, pois saiba que, se hoje você é a vítima, é sinal de que já foi algoz. Veja sua mãe como um espírito que hoje precisa de sua compreensão e não de seu julgamento. Deixe seu coração falar aproveitando que ele está querendo exercer o perdão. Vá até ela enquanto pode lhe ouvir e fale de suas dores, de suas mágoas, pois só assim vai aliviar seu peito. Depois, liberte o amor que deixou guardado por todos esses anos, num abraço de paz. Mate o passado, antes que ele faça isso com vocês duas. Descongestione seu fígado, filha.

Após esse dia a mulher se apressou para visitar sua mãe e fazer o que o preto velho aconselhara. Conversaram e, entre lágrimas e risos, tiveram a oportunidade de conviver muito próximas durante apenas sessenta dias. O tempo de vida da mãe que lhe restava na Terra.

– Presta atenção, camboninho, a vida na Terra é como a fumaça do cachimbo do preto velho; num sopro ela se dissipa no ar. O tempo de Deus é diferente do nosso, por isso precisamos ficar alertas para os pedidos de nosso coração, que é o ouvido de nossa alma, por onde Deus se comunica conosco. Da vida temos que guardar as coisas boas e nos esquecer das más, para que possamos ser felizes. Levar entulhos como a mágoa para o além-túmulo é projetar dores desnecessárias para o futuro. Na bula do perdão a indicação é que se deve tomar uma dose dele várias vezes todos os dias; não há contra-indicação e a cura é certa.

– Saravá, zi fio! Até a volta! Nego véio abençoa em nome de Nosso Senhor Jesus Cristo!

– Saravá, meu Pai! Proteção para seu aparelho também. Até a volta!

Os bastidores da alma

Toda manhã, ao sair no portão de sua casa, incomodava-se por ver aquele mendigo dormindo na calçada ou na praça em frente. Naquele dia de temperatura baixa, ao sair para a sua tradicional caminhada matinal no calçadão da praia, lá estava ele, trêmulo de frio por estar pouco agasalhado. Era incrível como seus olhos procuravam os dela e, inexplicavelmente, fuzilavam sua alma com algum tipo de culpa. Desviando o olhar, apressou o passo e seguiu em sua caminhada, embora a imagem do homem permanecesse em sua mente.

– O que está acontecendo comigo? Logo eu que tenho asco por esse tipo de gente! Por que esse mendigo me olha desse jeito? Imagine eu, justamente eu, com pena de um mendigo. Que absurdo! Acho que preciso me tratar, vai ver estou com estresse – pensava ela.

Ao voltar, ele não estava mais lá, e isso a aliviou. Temia encontrá-lo.

Em muitas outras manhãs a cena se repetiu. Era um misto de medo, culpa e vontade de encontrar aquele homem que já tomava conta de seus sonhos. Isso mesmo, havia muitas noites ela vinha sonhando com o mendigo; ele aparecia pedindo socorro. Ela sempre acordava indignada e mal-humorada, brigando até com o cachorro.

– Vou ao médico hoje, acho que estou com estresse – disse ao marido.

– Estresse, você? Ah, ah, era tudo o que eu precisava ouvir logo cedo. Estresse de quê? Cansou de andar pelo *shopping*, querida? – perguntava o marido sarcasticamente.

Tratou-se com um psicanalista durante um tempo e, orientada por ele, fez uma viagem. Quando voltou, chegando do aeroporto de madrugada, lá estava o mendigo próximo ao portão de sua garagem. Num impulso, desceu do carro e, tendo um ataque de histerismo, começou a gritar impropérios para o pobre homem, que, sem dizer uma só palavra, levantou-se e foi embora com seu cobertor sujo e rasgado sobre as costas.

Quando acabou de seu ataque de nervos, uma catarse em forma de choro fez com que ela fosse socorrida pelos empregados da mansão. Naquele dia não foi fazer sua caminhada, sentia-se fraca e muito triste.

– Será que estou ficando louca? Vou tomar uma providência séria. Se esse mendigo ainda estiver em frente a minha casa amanhã, chamo a polícia e minto que ele me roubou. Não quero mais vê-lo.

No dia seguinte, pela primeira vez em um ano, o mendigo não estava lá. Não sabia se estava aliviada ou culpada por aquilo. Que sensação estranha!

– Por que ela estava preocupada com aquele homem?

Eram perguntas sem resposta que a atormentavam durante o dia, como se não bastasse os pesadelos que teimavam em se repetir à noite. Visivelmente abatida, buscou socorro com a empregada, que em sua concepção era "macumbeira".

– Zulmira, acho que estou enfeitiçada e preciso que você me ajude. Isso deve ser coisa das minhas amigas invejosas.

Curiosa para saber a resposta da consulta que a empregada havia buscado no Centro de Umbanda em que freqüentava, decepcionou-se quando soube que era preciso que ela mesma fosse até lá se queria ajuda.

– Deus me livre! Lá eu não vou. Imagina só, se alguém da sociedade me vir, o que vão pensar?

Respeitando sua vontade, a moça não falou mais nada. No outro lado da vida, sua protetora continuava insistindo durante o sono para que ela compreendesse a mensagem que a vida estava querendo lhe dar.

No outro dia bem cedo, quando saía do portão de sua casa para a caminhada matinal, avistou o mendigo, que, ao tentar atravessar a rua foi violentamente atropelado por um carro em alta velocidade, que fugiu do local. Na sua frente estava aquele corpo ensangüentado, e ela mantinha-se paralisada pelo susto. Sem saber como e por que, num minuto um filme passou em sua mente. Eram cenas reais em que o rosto do mendigo, aqueles mesmos olhos, estava no corpo de um menino de nove anos, vestindo calça curta e suspensório, com boné xadrez na cabeça e que empurrava uma cadeira de rodas em que ela, paraplégica, com as pernas cobertas, mantinha-se sentada.

Dando um grito, como para despertar do transe, jogou-se em cima do mendigo tentando reavivá-lo com massagem cardíaca. Chamou uma ambulância e o levou até um hospital, só saindo de lá quando teve certeza de que ele estava vivo.

Voltando para casa atordoada, perguntava-se se não estava sonhando. Conhecendo-se muito bem, sabia que jamais teria tomado tal atitude por quem quer que fosse. Mas o tinha feito justamente por aquele mendigo.

– Zulmira, preciso ir lá no lugar das suas macumbas.

A seu lado, a protetora sorria.

Lá, diante da simplicidade do terreiro, onde o cheiro de ervas queimando no defumador alertou seus sentidos mais renitentes, ela compreendeu muitas coisas por meio das palavras simples do preto velho. Soube que aquele mendigo estivera o tempo todo tentando fazê-la olhar para o chão e ver que existem seres humanos que ainda rastejam abaixo de seu nariz empinado, ver que estava usando máscaras que encobriam a luz de seu coração e que ela era capaz de socorrer, de amparar. Nem mesmo o cheiro forte de fumo em seus cabelos ou da alfazema em suas mãos a incomodava mais.

– O que passou pela cabeça da zi fia foi a lembrança de uma vida onde aquele mesmo espírito nascido de vosso ventre

a carregou por anos a fio na cadeira de rodas, depois de um acidente.
– Mas existe isso de outras vidas, de alma do outro mundo?
– Eh, eh, zi fia tá falando com uma alma do outro mundo e ainda duvida?

Com a paciência e a humildade características de preto velho, ele a instruiu sobre a vida do espírito e a necessidade que ela tinha de ajudar os menos favorecidos pela vida.

Ao sair do local, ela ligou para o hospital em busca de notícias do mendigo, pois, mesmo ainda relutante em acreditar que ele tivesse sido seu filho em vida passada, aquela história tinha algo de estranho que ela ainda não compreendia.

Ele havia acabado de morrer por insuficiência respiratória.

"Quem sabe foi melhor assim. Se tivesse ficado paraplégico, não teria ninguém para cuidar dele mesmo!" – pensou a mulher.

Sua protetora observou paciente a atitude conformista da protegida, afinal, haveria de arranjar outros motivos para que ela voltasse a falar com o preto velho, a fim de que continuasse aprendendo a ser mais humana. Quem sabe ainda conseguiria acordá-la para a tarefa com que havia se comprometido antes do reencarne?

– Zulmira, estou pensando em fazer um trabalho voluntário numa creche. Você conhece alguma?

Agora a protetora se tranqüilizava:

– O mendigo cumpriu sua missão. Em algum lugar ele voltou a ser um menino de calças curtas, de suspensório e boné xadrez.

O que arde cura, o que desperta segura

Dona Tina estava na corrente de médiuns daquele terreiro de umbanda fazia vários anos não porque recebia alguma entidade, mas porque o dirigente aceitou-a a fim de atribuir-lhe todos os trabalhos gerais para que pudesse estar em todas as giras e, assim envolvida, para que talvez modificasse sua forma de pensar sobre a umbanda.

No início, ela ia a todas as sessões de atendimento, sempre com a mesma lamúria, reclamando dos problemas familiares. Apesar de toda a doutrinação e dos conselhos recebidos dos espíritos trabalhadores, parecia que nada a fazia mudar. Quando os cambonos a viam chegando, brincando, chamavam-na "papa-passe". E nada mudou também após fazer parte da corrente. Insistia em passar de guia em guia choramingando, querendo uma solução para os problemas familiares que se avolumavam dia após dia.

Para aquela noite de maio estava marcada uma gira festiva de preto velho. Ela, como sempre, disponível e animada para o trabalho, ajudou a enfeitar o congá e o terreiro todo. Antes do início da gira, o dirigente deixou bem claro que não haveria atendimento naquele dia, pois estariam ali presentes integrantes de mais duas casas de caridade convidadas para a congregação com os irmãos de fé.

Lá pelas tantas da festa, viam-se os pretos velhos incorporados e sentados em seus tocos, muita alegria no terreiro, mensagens maravilhosas na manifestação das entidades, isso sem contar as comidas e bebidas típicas. Tudo na mais perfeita ordem, para a alegria da direção.

Dona Tina, de olho vivo e pé ligeiro, esgueirando-se por entre os cambonos e médiuns, achou uma brechinha e aproximou-se de uma entidade incorporada num médium de uma das casas convidadas.

"Ah, esse há de me ajudar. Deve ser mais forte do que os nossos!" – pensou ela.

Iniciava a lamúria, quando um cambono percebeu e, discretamente, foi chamar a sua atenção, impedido pelo preto velho:

– Zi fio pode deixar. Preto velho vai falar com ela.

– Meu pai, sou uma mãe desgraçada pela vida. Tenho dois filhos que só sabem me dar aflições. Criei-os com amor, dando mais do que podia. Paguei colégio particular e nem deixei que trabalhassem antes de se formarem, isso para não atrapalhar os estudos. Hoje, formados, além de não se interessarem por procurar emprego, até dinheiro me roubam da carteira. A moça só pensa em "balada", namorar um e outro, comprar roupa cara e vive mudando a cor do cabelo, no que gasta muito dinheiro. O rapaz vive arrumando briga na rua, fuma e bebe. Não firma em emprego nenhum e já terminou com o nosso carro de tanta trombada. Meu marido, desgostoso, está com problemas de coração e depressivo. Não sei mais o que fazer!

– É, zi fia, "desgraça pouca é bobagem". Esse dito cabe para a sua vida.

– Ah, meu pai, até que enfim achei alguém que me entende. É isso mesmo, minha vida é uma desgraça!

– Nego véio "não" vai dizer o que a filha tem que fazer, mas sim o que tem que desfazer.

– Hã? Não entendi.

– Eh, eh. Precisa desfazer todas as besteiras que cometeu na criação dos dois filhos. Isso se ainda for possível. Começando por trazer os dois para uma conversa de adulto, já que não houve diálogo quando precisava. Zi fia só pensava em trabalhar para pagar as mordomias dos meninos e, em vez de mãe, transformou-se num banco mercantil. Não tinha tempo para ouvi-los ou aconselhá-los. Encontravam-se só na hora das refeições rápidas, pois todos tinham horários rígidos fora de casa. Os meninos não receberam carinho, só dinheiro; foram procurar no lugar errado, ou seja, fora de casa, o que não encontravam dentro dela. Zi fia disse que deu amor. A seu modo talvez tenha dado, mas ser mãe ou pai é bem mais do que dizer "sim" e suprir as necessidades materiais. É preciso entendimento, olho vivo para perceber quando se perde as rédeas de comando, psicologia para perceber as carências, as dificuldades de cada filho. E isso tem que ser feito na primeira infância, quando se dobra o pepino. Nessa época da vida, os espíritos que reencarnaram são ainda passíveis de educação da maneira mais dócil, porém na adolescência a personalidade trazida já começa a se afirmar, e, se não houve nenhuma mudança nas tendências, às vezes o resultado pode ser penoso. Zi fia errou não deixando que eles trabalhassem logo cedo. O trabalho dignifica o homem e educa o espírito, despertando nele regramentos necessários. Nenhum dos filhos vem à Terra de férias, e, portanto, cada um tem tarefas agendadas que necessitam ser realizadas. Carregar a cruz dos outros, além da sua, é o que zi fia está fazendo aqui na Terra. Se quiser modificar o quadro, feche o caixa, filha. Tente reverter suas atitudes, chamando os dois para uma conversa séria, admitindo erros e ouvindo suas necessidades emocionais. Pense melhor sobre o amor e, de repente, concluirá que amar não é só passar mel; às vezes o amor se apresenta amargo, e nego véio sempre diz que "o que é amargo cura, e o que aperta segura". Não adianta zi fia ficar se clamando e procurando uma solução de fora. O erro foi cometido lá dentro de sua casa, e, por isso, é de lá que tem de partir a correção. Vai com a bênção de Zambi, zi fia! Saravá!

 Saindo dali um tanto constrangida, mas aliviada, dona Tina tinha uma certeza: havia sido uma mãe relapsa, tentando ser a melhor mãe do mundo. Teria de modificar alguns procedimentos e sabia que a tarefa seria árdua. Como falou o preto velho, "os pepinos já estavam tortos"; qualquer mudança seria dolorosa. Na rua, alguns panfletos voavam no chão com o vento. Curiosa, apanhou um deles e, para sua surpresa, era uma mensagem do espírito Emmanuel, psicografada por Chico Xavier, que dizia:

"Erros passados, tristezas contraídas, lágrimas choradas, desajustes crônicos! Às vezes, acreditas que todas as portas se mostram cerradas à necessária renovação! Esqueces-te, porém, de que a própria sabedoria da vida determina que o dia se refaça a cada manhã. Começar de novo é o processo da natureza, desde a semente singela ao gigante solar."

Ela tinha dois partos para realizar em sua vida, pela segunda vez. Haveria de ter forças e o auxílio do Alto.

Quem planta vento colhe tempestade

Levado pela esposa, ele visitava pela primeira vez aquela casa de caridade. Já na entrada, gostou do que viu. As pessoas acomodavam-se silenciosamente em suas cadeiras, e, baixinho, podia-se ouvir uma música orquestrada convidando à introspecção.

Após uma palestra elucidativa, o atendimento era feito de forma individual a quem o desejasse, em cabines separadas, ao que chamavam conversa fraterna. Chegando sua vez, confessou ao médium que estava decepcionado com a vida. Depois de velho e adoentado, seus filhos não lhe davam amparo, aliás, só lhe provocavam incômodo. Contou que, quando mais jovem, tivera problemas de relacionamento com a mulher e que havia até pensado em separação, mas depois, com a idade avançando, eles acabaram se entendendo novamente. Com um sorriso no canto dos lábios, confessava ter sido um tanto "namorador" e sua esposa, muito ciumenta. Durante algum tempo bebera muito, porém havia deixado tudo isso.

– Estou pensando em deserdar um de meus filhos, pois não quer trabalhar. Do meu dinheiro é que não vai viver. Paguei estudo a todos eles, no entanto, um é jogador de futebol, outro virou artista de teatro. Veja que absurdo!

O médium que o ouvia, embora não apresentasse sinais de incorporação, estava sendo canal para seu protetor, que atuava em forma de irradiação. Foi intuído por ele, que, após ouvir todos os queixumes do homem, iniciou seu aconselhamento:

– Com a sua permissão, vou repassar uma pequena história que me contaram e que serve para o seu caso:

"Um homem que viajava de sua casa até o trabalho durante cinqüenta minutos diários observava que uma senhora idosa espalhava sementes de flores ao longo do caminho, jogando-as pela janela. Intrigado, disse à senhora que não adiantaria, pois as sementes se perderiam no asfalto. Ela retrucou dizendo que fazia a sua parte e que algumas delas haveriam de ser levadas até à beira da estrada e lá nasceriam. Depois de passado um tempo, certa manhã ele observou que a beira da estrada estava toda florida e lembrou-se daquela senhora. Interrogando o cobrador, soube que ela havia desencarnado havia mais de um mês. Pensou consigo que era uma pena o seu trabalho ter sido em vão, pois não estava mais ali para apreciar as flores. No mesmo instante ouviu o sorriso e o comentário feliz de uma criança no banco da frente, elogiando a beleza das flores, quando percebeu que o plantio não havia sido em vão, pois alguém sorria ao ver as flores."

Diante disso, mesmo compadecido com o pai que está sendo maltratado pelos filhos, tenho que lhe perguntar: como foi o plantio desta sua colheita? A senhora da história que lhe contei deixou sua marca registrada antes de partir para a pátria espiritual. Aquela senhora educou com seu exemplo, ela não mandou ninguém jogar sementes, jogou-as silenciosamente. Nós também, perante nossos filhos, que geralmente são concebidos num ato de prazer, mas que por vezes são recebidos e carregados como um fardo, estamos exemplificando ou só ensinando teoricamente? Como posso bater em meu filho porque falou palavrão se constantemente ele me ouve fazendo isso? Como posso exigir que meu filho seja honesto se meu nome consta em todas as listas de devedores, porque não tenho limite nos gastos? Como posso impor que minha filha não se prostitua, não chegue tarde e bêbada em casa, se diariamente ela ouve minhas brigas com a mãe por ter descoberto mais um de meus casos fora de casa, se todos os dias eu passo no bar da esquina para tomar minha cachaça e se a cada festa que vou, obrigatoriamente, volto bêbado? Cobro atitudes de meu filho exigindo que seja homem de verdade, que seja decidido, forte, quando eu que dirijo a minha casa por comodismo, não tomo atitude nenhuma diante de fatos que desmoronam ao meu redor? São sementes que planto, e, se o plantio é livre, a colheita é obrigatória, já dizia Jesus. O maior exemplo da história ainda é sobre o desprendimento daquela senhora. Ela nos lembra as abelhas que, após construírem a colméia, abandonam-na, viva e repleta de alimento. Simplesmente abandonam o que levaram uma vida para construir, num ato de desapego. Batem asas para a próxima morada sem olhar para trás. Assim fez a senhora. Plantou as flores e as deixou para embelezar a vida de quem estivesse vivo para admirá-las e partiu feliz. Como ela disse, "fez a sua parte". Precisamos nos perguntar constantemente se estamos fazendo a nossa parte na Terra. Normalmente, ao projetar alguma coisa, logo pensamos: "Será que vou viver para ver o resultado?" Quando não, confundimos desprendimento com desregramento: "eu vou comer, beber, fumar, pois trabalhei uma vida toda e tenho que aproveitar", esquecendo que cada atitude nossa repercute no cosmo, no Universo inteiro. Nem o mal nem o bem que praticarmos, seja em pensamento, palavra ou obra, fica restrito somente a nós. Podemos com ele plantar sementes que germinarão em flores ou espalhar erva daninha que impedirá, inclusive, que nasçam as flores que os outros plantaram. Precisamos observar que somos todos um, que fazemos parte de um todo. Ninguém nem nada nos pertence, esta é uma verdade. Costumamos fazer teias e envolver quem ou do que nos apropriamos, e nessa teia nos envolvemos também, aprisionando as pessoas. Não voamos e não deixamos voar. Após a partida para o mundo espiritual, a coisa complica, pois vem a preocupação: "Para quem vou deixar a casa? Irão cuidar de minha empresa?". É isso que às vezes retém o espírito no corpo físico: a casa, à família, tornando-se um fantasma obsessor que só atrapalha a vida de quem ainda vive aqui. "Onde estiver nosso coração, ali estará nosso tesouro." Nosso erro é cultivar o plantio de nossa vida com prazo de validade. Por exemplo: "o relacionamento tem que ser eterno", independentemente de ter virado um caos. Rotulamos as pessoas como se fossem coisas: "Meu filho vai ser médico", não me importando se ele quer ser jogador de futebol. "Mulher minha não trabalha fora", independente de ela estar feliz ou não, molhando a barriga no tanque e secando no fogão o dia todo. Aquela senhora plantou sementes de flores, e nasceram flores. Nessa vida, oportunidade que Deus me deu para crescer, se eu plantar doenças na minha alma, na próxima vida a colheita virá em forma de remédio para curar minha alma machucada. Se plantei a impaciência, vivendo apressadamente, voltarei convivendo com pessoas lerdas, lentas, e tudo será muito demorado em minha vida. Se plantei o orgulho, na outra vida passarei por humilhações constantes. Se fui ciumento obsessivo, serei traído constantemente. Se fui avarento, terei um prejuízo atrás do outro, e o dinheiro escapará de minhas mãos. Para a intolerância, a cura virá através de pessoas de raciocínio precário e sem lógica. Se plantei mágoa, terei de conviver com as grosserias. Para a ansiedade, terei as frustrações como colheita, e por aí vai. A família é nossa horta, portanto repense em seu plantio. Não estou aqui para julgá-lo, apenas estou pedindo que procure arrancar as ervas daninhas que nasceram no meio das flores.

A essa altura, o homem estava com o rosto lavado pelas lágrimas que brotavam de seus olhos, falando sobre seu arrependimento pelo plantio desastrado que fizera. Era duro e maravilhoso ao mesmo tempo ouvir de um jovem que poderia ser seu filho verdades de que se fez omisso a vida inteira.

Agradecido, abraçou o médium, elogiando-o e a casa. Voltaria ali, pois sua mulher insistia que ele freqüentasse um centro de umbanda, mas de lá não havia gostado muito. Falavam esquisito, além dos tambores que incomodavam seus nervos.

– Sei não, aquela história de espírito fumando cachimbo, acho que não precisa daquilo tudo. Aqui você conseguiu me dar o recado, falando normalmente – dizia ele ao médium.

Quando o homem se retirou, o rapaz sorriu sentindo ao seu lado o protetor, um preto velho, a quem agradeceu pela intuição recebida.

– Salve, pai velho! Quanta dor ainda teremos de sofrer na carne para aprender que nada somos, meu Pai? Quando é que vamos buscar a essência e deixar de ser preconceituosos e orgulhosos? Talvez no dia em que alcançarmos o patamar onde você se encontra.

Incorporando, o preto velho chamou um ajudante para cambonear. Agora precisava de um palheiro para defumar o ambiente e de um galho de ervas para limpar o aparelho. Depois partiu feliz, em caravana com os outros tantos espíritos que haviam atuado no atendimento daquela casa universalista e que, independentemente da forma usada, haviam prestado a caridade.

Brilho para os olhos
e peso para o espírito

A senhora, agradecida ao preto velho por tê-la ajudado durante um período difícil de sua vida, em que a saúde lhe havia faltado, estava ali carregando nas mãos um lindo relógio de pulso com o qual desejava presentear seu aparelho:

– Meu pai, eu sei que seu aparelho não tem posses, vive passando dificuldade financeira e, mesmo assim, vem aqui prestar a caridade. Pelo bem que o senhor me fez por meio dele, peço autorização para lhe dar este presente.

– Salve, zi fia. Nego véio fica feliz que a filha tenha sido ajudada com a mediunidade de meu aparelho. Quanto ao presente...

O médium, que era consciente, sentindo-se lisonjeado pelos elogios daquela senhora que tinha muitas posses, não pode deixar de arregalar os olhos para o objeto, cuja beleza e qualidade eram notáveis. Sabia que estava ali para prestar a caridade, mas não podia negar o quanto desejava ter um relógio daquela marca. Naquele momento, acendeu uma luz vermelha indicando o perigo que ainda residia em seu íntimo. Ignorando todo o aprendizado que o protetor havia lhe passado durante os anos de trabalho, deixou que o desejo de posse assumisse o comando de seu ato. A partir do momento em que deixou o brilho do metal fasciná-lo, seu mental, que é racional, perdeu o comando, deixando o corpo dos desejos assumir o posto, criando-se, imediatamente, um campo magnético pesado, afastando por incompatibilidade vibratória a entidade que ali trabalhava.

–.Entrega para o cambono que depois ele repassa ao meu aparelho.

Pronto, estava feita a bobagem!

Envolto pela soberba, ele continuou atendendo a senhora, fingindo que a entidade ainda continuava repassando as palavras. Quando ela se retirou, a sessão já havia terminado, e os pretos velhos despediam-se do terreiro e de seus aparelhos. Agiu normalmente aos olhos dos vivos, tentando ignorar o grito agoniado de seu coração e a lástima de seu protetor.

Voltou feliz para casa exibindo o relógio novo em seu pulso. Acostumado a trabalhar no astral com seu preto velho, trazendo lembranças das ocorrências para a memória física, naquela noite com nada sonhou. Por vários dias acordou com dores de cabeça e já ficava intrigado por não se lembrar de seus sonhos, quando numa noite teve insônia. Irritado, remexeu-se muito na cama e acabou levantando. Dirigia-se à cozinha para tomar água quando sentiu um sopro em seu rosto. Benzeu-se todo e chamou pelo preto velho, temendo estar sendo obsediado por algum quiumba. Voltou para a cama e rezou pedindo proteção, até adormecer. Logo percebeu a presença do preto velho, seu protetor, de cuja face corriam duas lágrimas. Tentou falar com ele, mas havia uma barreira entre ambos que impedia a comunicação. Acordou assustado e pensativo. Seu coração avisava que havia "pisado na bola". Mas o relógio era tão bonito! Durante o dia todo, a imagem daquelas lágrimas não saía de sua mente, e o relógio começou a pesar em seu braço. Na verdade era sua consciência que pesava!

Na semana seguinte, no dia de preto velho no terreiro, incorporou normalmente e, quando se sentou no banquinho para iniciar os atendimentos, pai José atuou em seu centro de força de tal maneira que o deixou semi-inconsciente. Chamou um cambono, o mesmo para o qual a mulher entregara o presente naquele dia, e pediu para que tirasse o relógio do pulso do médium, colocando o objeto na caixa de sugestões que o terreiro mantinha na assistência com o objetivo de melhorar o atendimento, com o seguinte bilhete anexado: "sugiro que este objeto seja rifado para arrecadar fundos para a casa – assinado Pai José".

O dirigente, sendo informado do que fora achado na caixa de sugestões, dirigiu-se a pai José:

– Salve, meu pai, este relógio é de seu aparelho, e, segundo o cambono, o senhor está doando tal objeto para a casa.

– Depois de ir para o túmulo, zi fio, não se usa mais o contador das horas, eheh.

– Mas o seu aparelho está encarnado e precisa dele.

– Concordo. Nego véio não concorda é com a maneira como ele conseguiu o dito. O que eu mandei o cambono fazer foi dar a minha sugestão, pois, mesmo morto, eu continuo falando, né, zi fio? Se vão aceitá-la é outra história. O meu aparelho, aceitando a paga por um trabalho para o qual ele foi só a ferramenta, está vendendo o que de mais sagrado recebeu nessa encarnação – a sua mediunidade. Se hoje o libero para receber um relógio, amanhã vem outra coisa e depois outra. Assim vou acabar perdendo meu aparelhinho por causa de umas quinquilharias que de nada valem, são só brilho para os olhos e peso que prende os filhos no túmulo.

O médium, dando passagem ao conselho do preto velho, não deixava de registrar as sábias palavras em seu cérebro físico e de se envergonhar pela atitude materialista que tivera. Quantas vezes, por intermédio dele, pai José aconselhou outros médiuns a nunca vender o que de graça receberam.

– Nosso Senhor Jesus Cristo, quando entrou em Jerusalém montado em seu burrico, foi recebido como um rei, com glórias e tapete de flores. No entanto, quando uma linda jovem surgiu na multidão para lhe ofertar uma braçada de rosas dizendo que eram "para o Reino de Deus", o divino Mestre respondeu que se queria realmente servir ao Reino do Céu que oferecesse capim e água fresca para o burrico que o servia, porque o animal estava extenuado pela caminhada. Então a jovem entendeu que Jesus queria dela apenas a bondade de seu coração, a servidão da humildade. Assim também Ele deseja que nós, Seus irmãos aqui na Terra, possamos servir uns aos outros sem nos preocuparmos com o pagamento, pois ele nos será dado como a ascensão de nosso espírito. Se meu aparelho, de livre e espontânea vontade, resolver ficar mesmo com o objeto, nada mais me resta fazer a não ser me retirar em busca de quem queira emprestar a matéria para pai velho continuar a fazer a caridade aqui na Terra.

Dos olhos de pai José escorreram grossas lágrimas que molharam as mãos do dirigente e lavaram o coração do médium.

Neste mundo até mesmo a dor não tem outro objetivo, senão ensinar. O presente recebido poderia ter causado um desastre na vida do médium, não fosse a interferência bondosa e sábia de seu protetor, que teve o objetivo de despertar a essência daquele espírito, em contrapartida com o brilho do ouro que acendera nele o desejo de posse.

Ao largar seu aparelho, pai José ficou ao seu lado vendo-o chorar, ajoelhado em frente ao congá, arrependido e agradecido ao preto velho. Ele também chorava, mas agora era de felicidade, pois tinha certeza de que continuariam juntos no trabalho da caridade.

A mensagem do preto velho foi repassada à corrente mediúnica pelo dirigente. O relógio foi rifado, rendendo fundos para as reformas que se faziam necessárias no templo. Tudo passou a ficar em seu devido lugar.

Oferenda de encruzilhada

Francisco era seu nome. Conheceu, desde muito jovem, as dificuldades materiais da vida e, acostumado a trabalhar desde o nascer do sol até o chegar da noite, aposentou-se. Saudável e com muita energia, não aparentava seus cinqüenta e oito anos. Embora de família humilde, recebeu a melhor educação possível transmitida pelo exemplo de seus pais. A única herança que não quis de seus progenitores foi a fé. Incrédulo, não seguia nenhuma religião e até zombava delas.

A ociosidade que a aposentadoria trouxe para seu Francisco o deixava ansioso. Já havia reformado a casa e o galpão, plantado horta, mas os dias demoravam muito a passar. Exemplificando o dito popular que diz: "cabeça vazia é oficina do mal", em pouco tempo Francisco sentiu vontade de começar a divertir-se, já que até então só havia pensado em trabalho. Morando próximo à cidade, ao entardecer resolveu visitar uma casa de diversões que existia por lá. Entre bebidas, mulheres e prazeres, perdeu a noção de tempo e retornou cambaleante já de madrugada. Ao chegar numa encruzilhada, avistou uma luz fraca no chão. Chegando próximo, percebeu que ali tinha um "despacho", como aquilo era chamado por lá. Havia uma bandeja grande onde repousavam uma ave morta, velas, charutos e uma garrafa de cachaça, além de outros materiais.

Não bastasse a sua falta de crença em qualquer coisa, ainda estava bêbado e carregava todas as energias do lugar de onde saíra. Com desdém e desaforando com palavrões, juntou a garrafa de bebida e os charutos e chutou o resto do material. Até chegar à sua casa, bebeu quase tudo e fumou alguns charutos.

No outro dia, contou para a esposa sobre o "achado" e debochou dele com sarcasmo. A bondosa mulher, cuja mãe em vida era médium benzedeira, respeitava todas as manifestações ligadas ao mundo espiritual, conforme os ensinamentos que havia recebido, e, por isso, chamou a atenção do marido, dizendo-lhe que, se não acreditava, deveria pelo menos respeitar. "Não presta mexer com trabalho de encruza", repetia ela preocupada.

Em outras noites a cena se repetiu da mesma forma, até o dia em que, ao chutar a oferenda, enxergou à sua frente um homem de capa negra, com um chicote trançado na mão. Sua perna paralisou, e, em pânico, ele saiu pulando feito saci, caindo e levantando. Por uma boa distância ainda, ouvia a gargalhada daquele homem ressoando no ar.

No outro dia, sentia dor nas costas como se houvesse apanhado e, só de se lembrar da cena vivida na noite anterior, arrepiava de medo. Temia contar para a esposa, pois sabia que o condenaria novamente pela atitude. Ela, vendo o marido cabisbaixo e triste, perguntou se estava adoentado. Ele nada respondeu, pois sentia-se como se estivesse com febre. Seus sonhos passaram a ser povoados pelo homem vestido de negro e pela gargalhada dele. Acordava aos gritos e suando muito. Várias noites transcorreram dessa maneira, até que resolveu contar para a esposa o que havia acontecido. Ela o aconselhou a se benzer, convidando-o para ir até um terreiro na vila vizinha. Meio renitente, mas sentindo a necessidade, ele aceitou com um misto de medo e curiosidade.

Após a abertura dos trabalhos com os pontos cantados e as orações, ele já se sentia mais tranqüilo. Em frente ao médium que servia de aparelho a um caboclo, suas pernas tremiam tanto que mal conseguia parar em pé. Nos ouvidos agora ressoava novamente a gargalhada do homem de negro, e seu corpo arrepiava sem parar. Teve vontade de sair correndo daquele lugar, mas suas pernas não o ajudavam. Auxiliado pela esposa e pelo cambono, sentou-se numa cadeira para poder ser atendido pelo caboclo.

"Ogum é que está de ronda. Ogum é que vem rondar" – cantava a corrente, enquanto a entidade limpava com uma espada de São Jorge seu corpo etéreo impregnado pela energia captada na encruzilhada. Depois, com a firmeza característica de sua linha, o caboclo ordenou que ele ficasse de pé e lhe relatasse por que estava ali. Desajeitado, mas já mais tranqüilo, falou:

– Acho que mexi com o que não devia. Andei chutando uns "despachos" na encruzilhada e me apavorei com um homem estranho, que acredito não ser deste mundo.

– Tranqüilize-se que tudo o que é possível ver, ouvir e sentir é deste mundo sim. O senhor acha certa ou errada a sua atitude?

– Ah, eu não sei. Só fazia aquilo por brincadeira.

– E se alguém fosse à sua casa, chegasse lá chutando os móveis e quebrando tudo, apoderando-se de sua comida na hora da refeição, você iria gostar?

– Lógico que não!

– Pois é, meu senhor. Foi o que fez lá na encruzilhada e por várias vezes, não foi?

– É, foi.

– O que não nos pertence não pode ser por nós seqüestrado. Não importa se o que estava lá é certo ou errado diante de seu entendimento. Além do físico, aquilo tudo tinha uma duplicata etérea que pertencia a alguém no mundo espiritual, com um objetivo e um endereço vibratório certo.

– Cabe aos homens incrédulos no mínimo respeitar a crença e as atitudes dos outros. Lá estava um trabalho de magia a cor dela não importa. Era magia! Elementos e elementares, além de entidades espirituais, lá estavam atuando, abastecendo se com energia animal e etílica, e foram incomodados, desrespeitados. O que o senhor presenciou na figura do homem nada mais foi que a atuação enérgica de seu exu guardião lhe colocando no devido lugar, antes que a Lei tivesse de atuar mais duramente. De difícil entendimento sobre as questões do espírito, não crendo em nada que não seja palpável, fez-se necessária a atuação materializada. Como criança teimosa, precisou da repreensão para só então respeitar. Isso não significa que encruzilhada é lugar de exu, pelo contrário. Os espíritos que lá buscam se energizar com as oferendas são os chamados quiumbas, espíritos que, embora fora do corpo físico, necessitam ainda de energias materiais.

– Exu? Cruzes! Isso é coisa do capeta!

Era momento de esclarecer a verdadeira identidade do guardião da luz tão malfalado. E assim foi feito.

Ao voltar para casa, sentia tamanho bem-estar que, naquela noite, dormiu tranqüilamente depois de muitas noites de sobressalto, quando não de insônia.

Suas visitas ao terreiro de Umbanda tornavam-se assíduas, e ele ia em busca de sabedoria, força espiritual e conforto para sua alma. Ele tinha uma missão que se estendia além de aprender a ter fé. Era preciso cumpri-la, por isso em pouco tempo manifestava-se, por intermédio dele, seu protetor Ogum de Ronda, abrindo caminho para o exu, que chegava gargalhando e de chicote na mão; artefatos que usava no astral para auxiliar, acordando todos quantos estivessem esbarrando nos limites da Lei.

Ao sentir sua presença, Francisco agradecia. Ele foi privilegiado por conhecer esses artefatos, graças a Deus.

Tudo é para o bem

– Salve vovó Benta! Seja bem-vinda em nosso terreiro!
– Salve zi fia! A bênção de preta velha em sua coroa!
– Minha mãe, na condição de dirigente deste terreiro, lugar onde o Grande Pai me permite estar hoje para aprendizado, eu gostaria de receber vossa instrução sobre alguns procedimentos que me cabem efetuar na corrente.
– Preta velha está aqui para ajudar os filhos em tudo o que for permitido por Zambi.
– Um médium vem tendo atitudes estranhas, desobedecendo às regras de nossa casa, inclusive e principalmente quando se diz incorporado pelo preto velho. Tenho observado e já o procurei para um diálogo franco, a fim de saber se estava com algum problema. Voltei a chamar sua atenção após ter repetido a desobediência, mas percebo, com imensa tristeza, que vou ter de afastá-lo da corrente por causa de sua renitência. Isso me dói, pois gosto muito desse irmão e temo que, após o afastamento, ele possa se perder.
– Filha, preta velha vem acompanhando a situação, assim como a angústia que isso tem lhe causado. Esse médium, vivendo de maneira desregrada, por falta de base familiar, tem sérias dificuldades de adaptação ao terreiro, onde existem re-

gras a serem cumpridas. Tendo despertado muito cedo para a vidência, interpretou isso como uma "dádiva", não compreendendo que é apenas um compromisso maior. Mesmo recebendo a oportunidade de aprendizado aqui nesse templo, seu mental viciado nega-se à obediência, o que o fez usar de maneira desastrosa essa oportunidade, ligando-se aos iguais no lado espiritual da vida. Dessa forma, ele "vê" aquilo que interessa aos que o "protegem". Além de suas orientações e de seus chamamentos exercidos em seu direito e dever de dirigente, nós aqui deste lado onde os mortos vivem também já nos esgotamos na tarefa de alertá-lo. Por isso, filha, não tema estar errando em sua atitude e siga a sua consciência, pois preta velha, que é tarimbada, tem visto muito caso sério de médium que ignora a bênção da caridade e se queima brincando com fogo. Retire a banana podre antes que o cesto inteiro se perca. É muito triste para um protetor quando tem de entregar à Lei algum pupilo, mas, sabendo que "tudo é para o bem", prosseguimos com a consciência de dever cumprido. Assim deve agir a filha, também sem temer que esse médium se perca, pois seu Exu de Lei o ampara, mesmo que isso signifique imprimir-lhe a dor por algum tempo. Ela, a dor, é campainha que alerta no primeiro momento, depois é sino, depois sirene, depois rojão e, por fim, canhão, mas alcança qualquer ouvido que precise despertar. A vaidade que a mediunidade, principalmente no âmbito da vidência, pode imprimir nos filhos da Terra é um risco que se corre nas encarnações expiatórias, pois provoca e acorda os defeitos trazidos na alma. Quando o espírito já evoluiu e alcançou algumas virtudes primordiais, recebe o compromisso com humildade, e aí sim executa tarefa maravilhosa diante dos homens e de Deus. Filha, se recebeu de pai Zambi o compromisso de dirigir esses filhos dentro da corrente na egrégora da umbanda, que é pura magia, é por necessidade de seu espírito. Tarefa esta invejada por quem não sabe o que isso significa. Sem ser um peso, quem a tem é para que se efetive a transformação de defeitos como a intolerância, a impaciência, a irresponsabilidade e o orgulho em virtudes. O Pai jamais dá fardo maior que as costas, e se Ele lhe deu responsabilidades, também com elas vêm a força e a sabedoria de que necessita. Aquiete sua alma e siga as orientações de seu guia. Confie, que Xangô, pelo livro da Lei, atua com a justiça, e a machadinha dele haverá de cortar o que for preciso, no lugar e na hora certa.

– Salve minha amada protetora! Até quando ficaremos cegos a tudo aquilo que nossos olhos físicos não enxergam? Sinto vergonha da dependência que ainda tenho de vossa ajuda.

– Preta velha, mirongueira que é, não poderia mexer mingau se gosta de fazer cozido duro, eh, eh. Também preciso trabalhar nesta seara e, com a graça de Zambi, achei aparelho que dobra as costas para receber esta velha arqueada. Não se limite porque não "enxerga" além da matéria, pois os olhos da alma alcançam o que é preciso, nada além disso. Trabalhe, filha, e siga adiante ativando as lentes de seu coração, deixando que ele seja seu guia.

Ao acordar pela manhã, estava nítida a lembrança de vovó Benta, que de velha arqueada se transformara em facho de luz, sumindo diante de seus olhos. Serenamente, podia entender que a responsabilidade, quando assumida com respeito às Leis Maiores, sempre vem recheada de amparo do Alto. Salve os pretos velhos!

Bendito é o fruto do vosso ventre

O desalento havia tomado conta daquela jovem mãe. Embora já tivesse um filho, a vontade de receber o segundo se tornava uma necessidade, quase uma obsessão. E, apesar dos problemas de relacionamento com o marido, insistiu na gravidez. Mesmo sendo visível a decepção do pai, ela se sentia mãe e feliz desde o primeiro instante. A alegria durou pouco, e o aborto espontâneo chegou, tirando-lhe o chão dos pés. Entregando-se a um desespero total, precisou tratar-se para evitar uma depressão mais profunda. Após três meses do incidente, alheia a todos os cuidados e recomendações médicas, engravidou novamente. Embora assustada, vibrava de alegria. Em poucos dias sofreu outra decepção pelo aborto inevitável. Desestruturada e sem obter de seu médico uma explicação que lhe desse alento à alma, foi em busca de amparo num terreiro de umbanda.

Esta foi a história contada para a preta velha, enquanto seu corpo tremia e as lágrimas rolavam por sua face, demonstrando toda sua amargura, seu desespero e sua raiva da vida. Revoltada com o mundo espiritual, contava que, nas duas vezes, durante o sono, aparecia um homem de olhar bondoso com o mesmo bebê em suas mãos e o entregava a ela dizendo:"Toma e amamenta, pois é teu velho amigo que volta".

– Seja quem for esse homem, não tem o direito de brincar comigo, com meus sentimentos. Por que me dá um filho e, em poucos dias, tira de novo? Que culpa é esta que sinto e que me dilacera? Onde estou errando?

– Nega véia sabe que essas lágrimas que correm de seus olhos não traduzem a revolta que a filha tenta dizer que sente. São de amor, de um imenso amor. São de saudades de alguém que vem visitar e logo volta. Os filhos da Terra ainda não conseguem alcançar o entendimento daquilo que está além do físico, por trás dos bastidores. A perda de algo palpável ainda é um monstro que assola o coração dos homens, que ignoram o ganho que isso pode proporcionar do outro lado, aos envolvidos. Nessas idas e vindas rápidas, o espírito, mesmo permanecendo por poucos dias no ventre da mãe, readquire massa astral suficiente para se recompor. No caso em questão, há bastante tempo no calendário terreno, esse espírito nasceu de seu ventre e foi criado com excesso de amor, mimos e regalias às quais nunca soube corresponder. Passou a vida revoltado e desrespeitando a bondosa mãe. Envolvido em profunda mágoa da vida, ignorando as benesses todas recebidas dos planos de luz, egoisticamente suicidou-se com um tiro, após ter tomado veneno. Foi indescritível a tristeza da mãezinha devotada, assim como foi indefinível a culpa que carregou por tal atitude do filho. Levou esses sentimentos para o túmulo, incorporando-os ao seu mental. Hoje, filha, depois de longa temporada passada em locais de expurgo, ele foi acolhido pelos benfeitores espirituais e, implorando outra chance, suplica nova encarnação. Não escolheria outra mãe, senão aquela que, mesmo tardiamente, identificou como a mais amorosa que poderia existir. Da mesma forma, ficaram em você culpas pelo excesso de mimos e pela falta de limites impostos àquele filho do passado, além de um imenso amor que por ele sentia, tento seu espírito ansiado pelo retorno desse amor em seu seio. O suicídio dilacera os órgãos afetados, tanto no plano físico quanto no astral, gerando marcas no molde plasmático da próxima vida na carne, quando não, de mais de uma vida. Só o Soberano pode dar aos seres a vida e tirá-la e só a Ele, que cria e rege o Universo, cabe discernir quando devemos voltar a qualquer um dos mundos. Cortar os cordões por conta própria é dívida de complicado resgate. Hoje ele precisa, aos poucos, refazer os rombos recebendo a sua energia. Nada lhes foi imposto, foram escolhas amorosas feitas em conjunto no astral. Um espírito "necessitado" e outro "disponível". Servindo de exaustor, como um médium serve nas catarses que aliviam os espíritos sofredores, a filha o recebe por algum tempo para doar-lhe a matéria de que precisa, e, quando ele retorna, ele deixa toda a energia densa que trouxe para ser drenada nesses dias de sofrimento. Qual esponja, você as absorve, limpando-o, para depois drenar, enquanto possibilita a ele maior leveza. Todo o desequilíbrio emocional deixado por ele na mãe que o recebe é o mesmo que seu mental conserva daquela vida depressiva, e isso não significa que a filha esteja queimando carma por ele. Cada um só deve e pode carregar a sua cruz. O que acontece é um ajuste cármico permitido com a finalidade de apressar a evolução, tudo de acordo com a Lei Maior. Por isso, filha, largo o desespero e a culpa e agradeça ao seu mentor, que, amorosamente, traz-lhe o filho pródigo. Nada de errado está acontecendo, pelo contrário, você está servindo de amparo a quem seu coração muito ama e ensinando a ele a verdadeira lição que ele se negou a aprender no passado. Sossegue, filha, e entregue sua dor àquela que viu o filho amado pregado na cruz da injustiça. Sinta-o embalado em seus braços. Na hora certa, ele há de voltar e ficar, então saudável e pronto para retribuir todo esse amor.

Entre lágrimas, ela agradecia à bondosa preta velha, já sem a mágoa e sem a dor do início da conversa. Um alívio inexplicável tomou conta de seu coração, mesmo ignorando todo o trabalho que se processava no plano astral enquanto ela recebia as informações da entidade.

– Meu Deus, agora entendo tudo. Eu passei a apresentar todos os sintomas desse espírito nos últimos dias. Estava pensando seriamente em me suicidar. Sentia um desamor tão grande por tudo e por todos. Mesmo sabendo que tenho outro filho precisando de atenção, eu estava sendo extremamente egoísta. Obrigada, minha pretinha, pelo esclarecimento.

Beijando as mãos da médium, ela beijava as mãos daquela

mãe preta que também se emocionava no astral lembrando-se dos filhos que se negara a receber, num passado distante, e das dores que causara e das que sentira nas vidas em que retornou com o ventre seco, incapaz de gerar vidas; aprendizado que jamais esqueceria pela eternidade afora.

– Bendito é o ventre que acolhe o espírito adoentado, qual ninho que se renova para resguardar pássaros de asas pesadas, perdidos nas noites de temporal. Que o Soberano a abençoe em nome da vida. Saravá. Siga em paz, zi fia.

– Saravá, minha amada preta velha!

Enquanto eram recolhidos os lixos astrais deixados pelos encarnados que retornavam aliviados para suas casas, os espíritos que ali labutavam como humildes e simples pretos velhos voltavam às suas formas, algumas ainda astrais; outros, não as tendo mais, desfaziam a forma artificial usada para a manifestação na caridade e seguiam felizes, com o coração batendo no compasso do Universo. Talvez para outras bandas, nem sempre a umbanda, mas de onde se fizesse necessário o amparo em nome do Pai Oxalá!

Fora da caridade não há salvação

A assistência estava lotada naquela noite. As cadeiras foram insuficientes para acomodar todas as pessoas que se acumulavam já fora da porta daquela tenda de umbanda. Com certeza os trabalhos seriam estendidos até mais tarde, e a ordem do dirigente para a corrente mediúnica era de que deveria ser atendida até a última pessoa necessitada.

Os pretos velhos, incansáveis e pacientes, orientavam a todos os filhos, além do extensivo trabalho que comandavam no plano astral, sem se importarem com o tempo. Os aparelhos mediúnicos ocupados pelos pretos velhos reenergizavam-se com a irradiação benéfica dos benfeitores e, por isso, não se ressentiam no corpo físico do cansaço natural depois de um dia de trabalho somado às horas em que ali estavam mediunizados.

Era sexta-feira, e alguns cambonos mais jovens haviam programado um encontro com amigos após o trabalho da noite. Com a ansiedade natural da juventude e apesar do conhecimento que haviam adquirido com a caridade prestada, já estavam inquietos pela demora. Embora seus corpos estivessem ali, suas mentes vagavam lá fora. Um deles, a cada cinco minutos, consultava o relógio, demonstrando insatisfação. Chegando-se a outro cambono, exclamou sua indignação pela quantidade de consulentes da noite, dizendo:

— A maioria que aqui está atrasando a nossa vida nem tem tantos problemas assim. Já é vício dessa gente que não tem mais o que fazer. A minha paciência se esgotou e, por isso, na próxima semana, não virei trabalhar, está decidido.

Seu cochicho ao pé do ouvido do irmão encarnado foi ouvido além do plano físico. Sua postura mental também foi aplaudida pelos afins, que, atraídos por sua vibração, entraram em sua freqüência, fomentando seu cansaço e sua indignação. Outros irmãos da corrente, compartilhando a mesma sintonia, começaram a sentir-se incomodados, criando uma egrégora densa. No ambiente astral, os amigos espirituais intensificaram seu trabalho, a fim de manter a proteção dos trabalhadores e das pessoas atendidas. Vibrações de amor em forma de jatos coloridos tentavam dissolver as chispas negativas exaladas pela mente dos irmãos, cujas energias desequilibravam o ambiente.

Vovó Benta, embora trabalhando por intermédio de seu aparelho, estava atenta aos acontecimentos no ambiente astral. Observava os pensamentos que então tomavam formas e aguardava o término do atendimento da casa para poder aconselhar a corrente, em que estavam aqueles a quem ela considerava filhos de seu coração:

— Meus filhos, essa negra, matraqueira como sempre foi, lembra-se de uma vida em que precisou de muito puxão de orelha para aprender a ter paciência. Ávida por viver o agora, jovem e bonita, ignorava as dificuldades por que passava a família e foi buscar seu próprio bem-estar fora de casa. Em pouco tempo, voltou decepcionada e adoentada, em busca de arrego daqueles a quem abandonara. Aprendeu com isso onde estavam os verdadeiros amigos e, mais ainda, aprendeu que, por maior que fosse a dificuldade familiar, a família era o lugar em que renascera para cumprir seu aprendizado. O mundo lá fora é atraente e generoso até o momento em que se começa a cobrar o preço da escolha feita. Os filhos da Terra ainda enganam-se com o brilho das festas e embriagam-se nas ilusões da matéria, esquecendo-se do espírito, principalmente quando este adoece e o corpo padece. A oportunidade que os filhos desse terreiro estão tendo de praticar a caridade de maneira tão fácil não deve jamais ser desdenhada. Negra véia quer dizer que "feliz de quem está na condição de ajudar, e não de pedir ajuda". Julgar a quem quer que seja no momento de prestar a caridade é flecha cravada no próprio peito. O fazer por fazer, sem colocar o coração no trabalho de auxílio, é desgaste desnecessário para o médium. Nada escapa aos olhos do Grande Pai, e nossos pensamentos são fontes de poderosa magia, que tanto pode curar quanto dilacerar. São gotas preciosas que não devem ser desperdiçadas à toa. Cada um de vós ainda está aqui por necessidade, não por missão. Antes de se sentir bem ajudando alguém, pensem na possibilidade de ajudar a si mesmos. A caridade age onde há dor e serve de alento, senão para quem a recebe, principalmente para quem a pratica. Agendar horário para realizá-la é desdenhar da possibilidade de estar amanhã na fila dos precisados e, da mesma forma, ter de aguardar a boa vontade do benfeitor. Nós todos devemos agradecer por cada um dos filhos de fé que vem até nos, concedendo-nos a oportunidade de trabalho. São moedas que recebemos para pagar nossa dívida pretérita. Esta negra véia não cansa de repetir: "é curando as feridas dos outros que cicatrizamos as nossas".

Que Nosso Senhor Jesus Cristo abençoe a todos os filhos. Saravá!

Num misto de vergonha e arrependimento, acompanhados do restante da corrente, cantando o ponto de despedida, os cambonos ajoelhavam-se em sinal de respeito e agradecimento à preta velha.

"Aproveitemos todas as oportunidades de servir, pois sempre estamos sendo servidos por mãos invisíveis, dominados por inteligências superiores, que nunca se interessam em aparecer, nem dizer que se encontram cooperando conosco" (Miramez).

Senzala no Céu?

— Isso mesmo, meu camboninho. Isso mesmo. Negra velha lembra como se fosse hoje:
"Um sem número de escravos, judiados pela dureza a que eram submetidos nas fazendas do Brasil, desencarnavam ainda em tenra idade. Essa negra velha e alguns outros, mais obedientes às ordens do patrãozinho, conseguiram chegar até a velhice habitando o corpo de carne. Quando adoeci, só pedia a Zambi, que compreendia ser um Pai muito bondoso, que não olhasse as mágoas que ainda guardava no coração, pelos filhos arrancados de nossas mãos, e que me recolhesse em qualquer uma de Suas moradas. Rogava em minhas orações que se fizesse a Sua vontade, mas que a minha era de poder me encontrar, nas paragens do Céu, com o mestiço Tião, a quem meu coração havia amado tanto e padecido mais ainda vendo o morrer injustiçado no tronco, açoitado e sangrando.
Numa noite estrelada, deitei o corpo cansado da lide do dia sobre as palhas que faziam minha cama e, durante minha reza, senti uma agulhada forte no coração, ao mesmo tempo em que a vista escurecera. Acordei num lugar muito diferente da senzala onde havia adormecido. Era tudo muito bonito e limpo, e eu estava deitada numa cama macia e cheirosa, como aquelas

da Casa Grande. Olhando ao redor, percebi que havia muitos outros negros que, como eu, acordavam atordoados. Fechei os olhos e adormeci para acordar um tempo depois com o meu Tião aos pés de meu leito. Pensei estar sonhando, não fosse o sorriso e o abraço que recebi, que me fizeram ver onde estava. Não cabia em mim de felicidade e, tão logo me recuperei, pude visitar com ele aquelas paragens a que chamavam Aruanda. Reencontrei dezenas de negros que vi morrer na Terra sob ferro quente, sob o chicote do feitor ou por causa das pestes que os faziam agonizar."

– Olha, camboninho, se negra velha não estivesse morta, poderia dizer que morreria de tanta emoção, eh, eh. Lá éramos tratados como gente e tínhamos direitos como os brancos da Terra. Podíamos glorificar nossos Orixás, e, em pouco tempo, alguns de nós, em caravana, desciam à Terra para socorrer os irmãos que desencarnavam. Naquele tempo, haveria grande movimentação nas terras do Cruzeiro, pois seria assinado um tratado de libertação para os escravos que ainda habitavam a carne. Muitos de nós, em espírito, éramos convocados por nossos superiores a fim de auxiliar os guias de luz a defender aquela que seria a redentora. E, do outro lado da vida, vimos nosso povo ser liberto pela lei e tornar-se escravo pela necessidade. A miséria imposta pela falta de tudo fez meu povo vender o que tinha de mais sagrado: a fé. Em troca de moedas que garantiam o sustento, vendiam a magia trazida de outras terras, a qual sempre lhes servira para a elevação espiritual. Muitos se perderam e, além da revolta e da miséria, passaram a se aliar às trevas. A provação que visava ao resgate do último ceitil, para muitos de nossos irmãos, estava perdendo o sentido. O coração desta negra velha batia descompassado e, não fosse a benevolência de nossos superiores a nos instruir e pedir paciência, teria se desequilibrado diante de tanta dor pelos filhos que se perdiam na carne. Tião, espírito de inigualável brandura, acalmava-me, e assim pudemos, juntos, assistir à maior festa de que já se teve notícia lá pelas bandas de Aruanda. Ela aconteceu trinta e três anos depois da libertação. Atentos e felizes, esperávamos o momento em que o portão daquela senzala se abrisse para deixar entrar alguém que acabara de deixar o corpo carnal após cumprir sua grande tarefa no plano terreno. Os tambores anunciaram sua chegada e, envolta numa claridade ímpar que saía de seu coração, ela desembarcava diante de nós. Era uma branca em território negro. Era uma princesa visitando a senzala. Brados de alegria eram retribuídos pelo doce sorriso e por sua aura de luz, que a todos nós envolvia como num abraço fraternal. Estava de passagem e nos brindava com sua visita.

– Então minha mãe conheceu a princesa?

– Eh, eh, meu camboninho. Deste lado da vida não existem majestades, todos se igualam, o preto e o branco. Só o que separa uns espíritos dos outros é a evolução alcançada, mas mesmo esta não é empecilho para que estejamos nos ajudando permanentemente. Os bons de hoje já foram aqueles que feriram e que, depois de se ferirem, aprenderam que a dor é o melhor remédio. Se a escravidão da carne nos foi dada numa encarnação é porque outrora, ignorando as Leis Maiores, assenhoramo-nos de direitos que não nos cabiam. Com malícia, egoísmo e orgulho, escravizamos nosso espírito, atrelando-nos a um carma pesado. Tendo sido inquisidores no passado, com o mesmo fogo com que calamos nossos irmãos, fomos marcados como animais. A princesa, da mesma forma, renasceu na Terra para cumprir o que havia se omitido no passado, pois, se não fazer o mal bastasse, a evolução não se daria. É preciso e necessário realizar o bem, e este nos aguarda em cada encruzilhada da estrada. Oportunidades nos são ofertadas diariamente, cabe-nos ter olhos abertos para ver.

– E, hoje, vó Catarina, onde está a princesa?

– Camboninho é curioso! Negra Velha já esbarrou com o espírito da redentora pelos terreiros da vida. Isso mesmo! Entre tambores e defumações, já a vimos, como qualquer um de nós que trabalhamos para Aruanda, vestir seu traje de preta velha e vir socorrer os filhos da Terra. E ainda tem mais, camboninho. Já vi médium se negar a recebê-la, por preconceito com os pretos velhos. Eh, eh, meu filho! Vê agora como são as coisas? Será que algum médium se omitiria a recebê-la se soubesse quem já fora? Ainda há de chegar o dia, meu cambono, em que os filhos de todos os terreiros terão a fé inquestionável e permitirão branquear a alma para que a Luz que tanto anseia em dominar o coração dos homens possa fazer morada por aqui também. Por que as lágrimas, meu menino?

– Porque sinto vergonha de só ter a pele branca, minha mãe. Queria ter o coração tão alvo que pudesse ser capaz de mostrar às pessoas a grandeza de nossa divina umbanda e de suas falanges de luzeiros.

– Salve, meu camboninho! Que essas lágrimas de reconhecimento possam ser levadas até a cachoeira de Oxum e que esse Sagrado Orixá as recolha para fazer delas as pérolas que te serão devolvidas no caminho de volta. A bênção de Zambi, filho de meu coração.

Vó Catarina despedia-se, enquanto repassava toda sua emoção com as lágrimas que rolavam do rosto de seu aparelho.

O camboninho sentiu um caloroso abraço. Sabia que já o havia ganhado, pois a energia era inconfundível. Seu coração batia muito forte toda vez que trabalhava com aquela preta velha, dizendo que um elo de amor os unia em espírito. O que não podia lembrar é que ele era o mesmo mestiço Tião de outrora.

Se as correntes da ignorância aprisionam, a busca incessante da sabedoria é a chave que liberta. Os dois lados da vida se fundem quando o elo é o amor.

Dois pesos e duas medidas

Embora nascida no seio de família católica, Angélica sempre buscou algo além do que sua religião conseguia lhe proporcionar. Visitou, nessa busca, vários templos religiosos, até que chegou a um centro espírita. Assistindo às palestras, foi aos poucos esclarecendo as dúvidas que tinha. Gostou do racionalismo que revestia tal segmento, mas sentiu que ainda ali existiam limitações, que a faziam se questionar, enchendo-a de dúvidas. Seu espírito estava mais calmo, porém havia algo pelo que ainda ansiava, e a busca recomeçava.

Em cada lugar que visitava, ouvia uma verdade que geralmente não condizia com aquela pregada no lugar anterior. Angélica buscava encontrar a vivência de uma fé cuja essência fosse a simplicidade, em que não houvesse dogmatismos, caminhos paralelos e nem envolvimento com dinheiro, em que não houvesse os donos de Deus nem de Jesus e em que sua alma carente sentisse "ter chegado ao amparo do lar".

Assim, conversando com uma amiga trabalhadora do centro espírita, soube que ela estava se transferindo para um templo de umbanda. Dentro de seu desenvolvimento mediúnico, manifestara-se como sua protetora uma preta velha, e, como isso não foi aceito pelos dirigentes do centro que freqüentava, fora aconselhada pela entidade a buscar outro local.

Aceitando o convite, tempos depois Angélica visitou o templo. Ouviu a palestra elucidativa e os pontos cantados na abertura dos trabalhos e assistiu à incorporação dos protetores e guias. Seu coração disparava, e a sensação era de que realmente estava em casa.

Depois da primeira vez, outras tantas se sucederam, e, em cada uma delas, levava consigo um novo aprendizado ou talvez o despertar de algo que já conhecera e que então cabia relembrar. De consulente passou em breve a fazer parte da corrente, por pedido de tia Anastácia, uma preta velha da qual recebia valorosos ensinamentos.

O caminho de cada um está traçado, e só o livre-arbítrio pode modificá-lo pelas escolhas feitas. Foi assim que Angélica apaixonou-se por um rapaz, colega de curso na Universidade. Pouco sabia de sua vida, mas o bastante para que surgisse a primeira querela entre os dois. Ele, de família evangélica, não concebia sua fé umbandista.

– Tia Anastácia, por que a vida me reservou tamanha cilada? Justamente agora que encontrei meu caminho espiritual e estou feliz com isso, encontrei também alguém por quem sinto muito amor, mas que se refere a minha opção religiosa como coisa do mal. Meu coração está apertado demais.

– Eh, eh, onde zi fia foi amarrar o burro, hein? Negra velha já conheceu muito filho teimoso que parecia árvore enraizada num lugar só, incapaz de se mover sem ser arrancada. Depois do túmulo, esses filhos se deparam com outras verdades, e o arrependimento os faz voltar fumegando cachimbo num terreiro qualquer. Zi fia vai precisar de muita paciência se quer mesmo ficar ao lado de quem ama. Deus queira ele tenha amor e compreensão suficientes para não boicotar a sua caminhada. E, como nada acontece por acaso, a intolerância da pessoa amada deve ter lá suas razões no passado. Filha, experimente indagar à sua consciência, e ela lhe responderá no tempo certo.

Sem demora, voltava ela para contar um sonho para tia Anastácia:

– Acho que minha consciência me falou por sonho. Lembro-me de me ver como uma mãe autoritária que impediu terminantemente que seu jovem filho seguisse a carreira militar, sonho idealizado por ele. Frustrado e abatido, ele se internou num monastério e de lá não saiu mais. A mãe, inconformada por não poder mais manipular o destino do filho que considerava sua propriedade, esqueceu todos os valores e envolveu-se com magia negra, procurando, com isso, tirar o filho da clausura. No sonho, eu identificava pelo olhar que o filho era o meu namorado de hoje. Acordei chorando, pois me via ao lado de um caixão onde repousava o corpo daquele rapaz.

– Preta velha, aqui do mundo dos morto-vivos, por permissão de seu protetor, pode captar as imagens que o sonho não revelou. Aquela mãe possessiva interveio de maneira a contrariar o livre-arbítrio do filho, e mesmo que não tivesse realizado magia negra, só pelo fato de impedir que o destino dele seguisse de acordo com as designações traçadas, já estava magiando negativamente. Com o intuito de forçar sua saída do monastério, usou energias e elementos, manipulando-os de maneira contrária às Leis. Encontrando o endereço vibratório em desarmonia pela mágoa que mantinha da mãe, acabou por provocar um acidente que o levou à morte. Ele, ao entrar para a clausura, jurou diante do portão que só sairia de lá morto para que seu corpo inerte fosse o presente que sua mãe merecia. Nossos desejos mais íntimos e secretos são gravados por ouvidos desconhecidos e sensíveis, principalmente quando recheados por sentimentos muito fortes. Lá dentro ele desenvolveu todo um fanatismo religioso para tentar compensar os desejos normais de um jovem, burlados pela religião. Do lado de fora, a mãe deturpou a magia. Tendências trazidas pelas duas consciências precisam de reajuste. Você está inserida no meio da umbanda, que é puro magismo, e aqui vai ter de aprender a usá-la para a prática da caridade. Ele, ainda numa religião que o incita ao fanatismo, totalmente arbitrária à sua, vai testar seu amor e suas escolhas. Filha, esta preta velha já magoou muitas criaturas e, enquanto não aprendeu que a humildade do perdão cicatriza qualquer ferida, ficava nas idas e vindas, patinando no próprio orgulho. O que lhe aconselho é que use sua capacidade de pedir perdão a esse espírito pelo passado. Mesmo sem que conscientemente ele absorva, estará sendo harmonizado, pois, como já falei, existem ouvidos atentos a tudo. Use o mais belo dos sentimentos para lhe dar forças, e, do resto, o Universo se encarregará.

Angélica tinha dois pesos e duas medidas para colocar na balança. De um lado, sua fé, seu caminho espiritual; do outro, o homem por quem se apaixonara, trazendo o resgate do passado. Haveria de poder conciliar, amparada por seus protetores, já que agora podia entender que não foi o acaso que promoveu o encontro dela com aquele espírito.

Como o tempo não deixa nada sem resposta, poucos meses depois o rapaz foi acometido por um problema sério de pele que o enlouquecia pela coceira e ardência. Após percorrer todas as clínicas dermatológicas e ter recebido muitas correntes de oração em sua igreja, sem, contudo, obter resultado, resolveu aceitar ajuda espiritual no centro da namorada, mesmo às escondidas da família.

– Tia Anastácia, hoje trouxe esse filho pedindo ajuda para sua saúde.

– Saravá, zi fio! A bênção de Nosso Senhor Jesus Cristo.

"Eles acreditam em Jesus?" – pensou ele.

Enquanto cantarolava um ponto de descarrego e limpava a aura pestilenta do rapaz com um galho verde, a preta velha endereçava um chamamento às falanges de Omulu, curador das chagas.

Se no corpo físico a doença apresentava-se como uma grosseira alergia, em seu corpo astral, que podia ser visualizado pela preta velha, havia verdadeiras chagas que purgavam como bolhas de uma queimadura.

Ele nunca, em momento nenhum de sua vida, sentira tanta paz como naquele momento, naquele lugar. Nem mesmo nos momentos em que recebia a "graça do Espírito Santo" em sua igreja. À medida que a preta velha o benzia, a ardência e a coceira diminuíam, e sua tensa musculatura relaxava. Já não sentia mais medo daquele lugar, e uma paz invadia sua alma, como se algo houvesse se transformado internamente.

No plano astral, seu corpo, em desdobramento, era tratado por amálgama constituído de fitoterápicos, somado ao ectoplasma dos médiuns que era espalhado sobre as feridas. Seu emocional era incitado a abrir as comportas de tanta mágoa retida, fazendo com que o rapaz entrasse numa catarse de choro. Sentindo-se acalentado pela entidade, recostou sem vergonha nenhuma sua cabeça sobre o colo de tia Anastácia, como faria uma criança desalentada.

Na verdade, suas chagas representavam um estado de desequilíbrio emocional em que se manifestava uma tendência autopunitiva muito forte. Transformara os traumas emocionais em doenças físicas reais, como se não agüentasse mais elaborar os rígidos conceitos religiosos que o fariam se afastar da pessoa amada, tirando-lhe o prazer de viver. Punia-se, autoflagelava-se, como fizera no pretérito por causa da clausura no monastério.

Não haveria como manter o preconceito depois de ver-se curado tanto do físico quanto da alma. Decidira continuar seguindo sua religião, a evangélica, porém sem se incomodar com a caminhada de sua namorada e até a compreendendo. Vez ou outra fazia algumas perguntas curiosas sobre a umbanda e o espiritualismo e, sempre que era convidado para a gira de preto velho, acompanhava a namorada para receber o carinho de tia Anastácia.

– É, zi fia! Esse é um daqueles que veio buscar lã e saiu tosquado. Devagar o coração do moço vai se afeiçoando, e nega véia ainda vai ser madrinha do rechonchudo bebê que um dia visitará seu caxupé. Como diz um negro velho lá das bandas de Aruanda: "Só o amor salva o homem, nunca os credos ou as filosofias, porque, se os credos são dos homens, o amor é doutrina de Deus".

Ressonância do passado

Aconselhada por seu terapeuta, dona Augusta buscava ajuda espiritual. Muito deprimida e com insônia crônica, apresentava idéia suicida. De crença católica, visitava constantemente o túmulo de seus pais, a quem havia amparado até o final da vida terrena. Em suas últimas visitas ao túmulo dos entes queridos, havia passado mal, sentindo tonturas e uma sensação de vazio na cabeça, além de uma angústia muito grande.

O atendimento de dona Augusta foi encaminhado ao grupo de apometria,[1] e, com a ajuda dos guias da Umbanda, seriam buscadas as desarmonias existentes nos planos etéreo, astral e mental, além de socorro aos possíveis obsessores.

Assim que se abriu sua freqüência vibratória, de imediato manifestou-se pai Benedito, um preto velho que auxiliava o grupo na busca das ressonâncias do passado:[2]

– Esta filha está vibrando numa ressonância que se abriu a partir de suas visitas ao campo santo, pela culpa que traz gravada em seu mental, de um passado em que o poder e o mando lhe faziam acreditar ter direitos que não possuía. Naquela vida, era

---
1   Apometria: técnica anímica que designa o desdobramento do corpo astral.
2   Ressonância do passado: lembranças de vivência passada registrada na memória perene do ser (inconsciente) e que afloram na personalidade atual (consciente), determinando impulsos ou tendências.

um latifundiário de posses, porém de conduta duvidosa. Para aumentar seu patrimônio, não media conseqüências. Certa vez, resolveu que queria comprar uma área de terra pertencente à Igreja que fazia divisa com uma de suas fazendas. Recusadas todas as propostas, ameaçou os padres de transformar o próprio cemitério em lavoura se eles não cedessem, e assim o fez. Gargalhando, como um verdadeiro sádico, mandou sua gente arar o campo santo, destruindo todos os túmulos como num verdadeiro filme de terror. Depois juntou todas as ossadas e mandou jogar num precipício, fazendo alusão ao inferno. Naquela encarnação morreu louco, obsediado pelos espíritos que ainda se mantinham nas ossadas, além de ter absorvido, pela condição vibratória baixa, toda a maldição dos sacerdotes e de todo o povo do local. O mesmo espírito, hoje reencarnado como mulher, ao visitar o cemitério, sente culpa quando entra em contato com o quadro mórbido que criou no passado, que passa a vibrar no plano mental, trazendo ao físico as sensações de que se lamenta. Soma-se a isso a atração natural daquele bolsão[3] de espíritos que ainda vibram etericamente, no precipício em que foram jogados, em condições de total desordem mental, em busca de seus ossos, tentando remontar incessantemente o próprio esqueleto. Em seu desdobramento, durante o sono físico, a filha, em tratamento, é atraída até o local e entra na mesma faixa vibratória, trazendo para o físico todo o desespero das entidades que lá estão culpando-a pelo sofrimento que passam e que julgam ser uma "maldição eterna". Por isso está renitente em adormecer, daí a insônia.

Após a explanação de pai Benedito, a equipe mediúnica evocou, por meio de pontos cantados, a vibratória de Ogum, para comandar uma expedição que se faria, pelo desdobramento dos médiuns, até o bolsão localizado no astral inferior. Com o prestimoso e insubstituível trabalho dos exus guardiões, dando segurança ao grupo, aqueles espíritos dementados foram socorridos e encaminhados às alas hospitalares do astral que davam sustentação aos trabalhos da casa. Por meio do elemento fogo,

---

3 Bolsão de espíritos: local onde se mantêm aprisionados por sintonia vibratória espíritos sofredores de mesma condição mental.

foi desmaterializado o local, transmutando suas energias para evitar que continuasse exercendo atração magnética negativa a todos os que ainda vibrassem na mesma faixa.

Com a catarse necessária, manifestava-se por intermédio de um médium toda a desordem existente no corpo astral de dona Augusta, aliviando, assim, suas emoções desequilibradas pela atuação da culpa.

Enquanto era cantado um ponto, os pretos velhos, exímios curadores e magistas, atuavam no corpo etéreo, desmagnetizando o aparelho parasita[4] implantado propositadamente em seu cérebro etéreo, para ativar as ressonâncias que a atormentavam, ao mesmo tempo em que solicitavam aos exus de sua serventia uma busca à entidade responsável pelo feito. Por tratar-se de mago adestrado nesse tipo de implante, com conhecimento do psiquismo humano, foi tentado, após sua apreensão, um diálogo para seu próprio entendimento e possível mudança de rumo em sua caminhada espiritual. Diante da renitência manifestada pelo deboche de suas palavras, assim como também pelo negativismo de sua energia, cuja presença e irradiação abalavam a equipe trabalhadora, foi retirado do ambiente e encaminhado aos tribunais adequados, onde a justiça de Xangô seria exercida, uma vez que ele extrapolara seu direito de atuação, contrariando a Lei.

Para a orientação e o ensinamento do grupo de trabalhadores encarnados, manifestou-se um caboclo pertencente às falanges de Xangô Sete Cachoeiras, elucidando:

– Para alguns, pode parecer um tanto drástico quando uma entidade espiritual, hoje vibrando e vivendo nos planos inferiores, é encaminhada aos tribunais para que se cumpra a Lei. Este caboclo observa que alguns médiuns ainda julgam inadequado esse procedimento, uma vez que se trata de irmão vosso, que, mesmo agindo mal, tem seu livre-arbítrio assegurado pelas Leis Universais. Até aqui este caboclo concorda, mas acrescenta: "nossa liberdade vai até onde começa a liberdade de nosso

---

[4] Aparelhos parasitas: engenhocas eletrônicas fabricadas e utilizadas por magos negros e seus comandados, que são acopladas nos corpos etéreo e astral dos encarnados, com finalidade de comando e desarmonia mental e emocional.

irmão, como também é válido não confundirmos liberdade com libertinagem". Esses espíritos arraigados ao mal há séculos cristalizaram vinganças e se comprazem em escravizar tanto encarnados quanto desencarnados, para executar suas façanhas maléficas. Acostumados ao poder e ao mando, ignoram que, acima deles, existe o Supremo e sentem-se verdadeiros donos de suas existências. Até o limite em que a Lei permite, observando e respeitando justamente o livre-arbítrio desses seres, eles atuam e de certa forma auxiliam a Luz, trazendo até ela os filhos perdidos pela desordem que provocam. Sempre lhes será dada a chance de reconhecer e admitir seus equívocos. Diante de tal negação, serão julgados e recolhidos conforme a Justiça Suprema manda. Isso não significa maus tratos nem castigo, mas sim mais oportunidades. No plano material a que pertence, sem a atuação da Justiça fazendo valer a lei, seria instalado o caos. Sem tribunais adequados para fazê-lo, a desordem tomaria conta. Neste lado da vida não é diferente, uma vez que não serão os "santos óleos" dados ao moribundo assassino no leito de morte que o libertarão da maldade que gerou tanta insanidade em sua vida física. Enquanto não tomar consciência de que faz parte do todo e enquanto não tiver noção de sua inferioridade espiritual, buscando no íntimo de seu ser a verdadeira essência que lhe oportunizará mudar de rumo, será justa a lei, agindo em qualquer mundo onde estiver. Muitos desses espíritos renitentes estão sendo encaminhados ao setor de expurgo, por não haver mais condição vibratória condizente com os novos rumos que o planeta azul deverá tomar. Novas oportunidades em condições precárias os farão repensar sobre o tempo perdido. Já passou o tempo em que a ignorância fazia os homens pensar que deste lado da vida todos se transformam em anjos ou demônios, pelo resto da eternidade. Oportunidades iguais são dadas o tempo todo, a todos os espíritos criados pelo Incriado, tanto no físico quanto no astral, para que se trilhe a estrada que leva à angelitude, rumo certo de todos, indiscutivelmente.

 Com suas ervas cheirosas, formando cataplasmas, as pretas velhas, com sua característica alegria, higienizavam a aura de dona Augusta, que, mesmo sem perceber o que se passava no astral, agora chorava, libertando sua angústia aprisionada e aliviando, assim, seu peito.

Pela preta Rosa ela foi aconselhada a evitar a visita constante ao cemitério, pelo menos até que se desse a total despolarização das ressonâncias ainda pendentes do passado:

– Zi fia não precisa visitar o campo santo para demonstrar amor pelos familiares que já desencarnaram. O amor irradia do coração e da mente, e seu pensamento é o condutor de todo o seu sentimento. Onde eles estiverem receberão suas energias e delas se beneficiarão. O cemitério, lugar de extremo negativismo, é local onde habitam espíritos cujo materialismo os grudou ao corpo físico em decomposição, além de hordas de espíritos que lá vão se beneficiar de energias animais exaladas pelos duplos etéricos dos recém-mortos. Apesar de todas as equipes de socorro que lá trabalham enviadas pela Luz, não é o melhor lugar para um passeio. Lá é deixada toda a dor dos visitantes, toda a saudade, todo o remorso, enfim, cria-se uma egrégora bastante pesada que é absorvida pelos filhos em desequilíbrio. Preta Rosa aconselha a todos que aprendam a se desligar dos cordões físicos de sua parentela desencarnada. Só o amor é imortal e, quando é ele o elo que une os seres, não é a falta do corpo de matéria que corta essa ligação. O apego é ainda confundido com o mais nobre dos sentimentos, fazendo ignorar quantos familiares foram deixados nas idas e vindas pelo caminho já percorrido da existência de vosso espírito. Somos uma família universal, mas com a possibilidade individual de crescer e alcançar as pessoas a quem amamos, em qualquer lugar deste mundão de meu Deus. Os braços do amor são longos e elásticos, não se esqueçam disso.

Aconselhada a visitar uma cachoeira, um dos pontos de força da natureza essenciais ao reequilíbrio de seu emocional, o atendimento era encerrado ao som de um ponto cantado à mamãe Oxum, enquanto as caboclinhas da água movimentavam-se no ambiente limpando os miasmas, fazendo com que alguns médiuns, involuntariamente, vertessem lágrimas dos olhos, pela ativação do chacra frontal.

Todos sentiam-se leves, pois, enquanto exerciam sua tarefa mediúnica, promovendo o socorro da irmã necessitada, igualmente limpavam seus porões, onde energias semelhantes eram dissipadas pelas catarses ali executadas.

Mediunidade é isso. Alheia à religião, quando exercida com seriedade, responsabilidade, sabedoria e amor, é ferramenta de reconstrução, é luz nas trevas, é o próprio Cristo descendo aos umbrais, socorrendo almas.

Quem procura acha

Buscando ajuda no grupo de apometria, Nazaré queixava-se de tudo, desde dores no corpo até desavenças com o marido. Ao se realizar a leitura de sua tela holográfica, sendo acessível aos médiuns em desdobramento a visualização dos fatos que aconteciam nos planos astral e mental, para uma possível harmonização usando a técnica, foi percebido que ali estava um espírito muito renitente. Além das inúmeras influências do passado com seres ligados à magia mal direcionada, que ainda vibravam, tinha enorme dificuldade de reformar sua maneira de pensar e agir.

Como uma criança mal resolvida e mal-educada, esperneava contra tudo o que contrariasse sua vontade e, de alguma forma, sempre acabava conseguindo seus intentos. Essa atitude criara em sua aura espiritual uma crosta energética densa que atraía os afins, daí sua permanente inquietude e ansiedade.

Sua característica de "conseguir tudo a qualquer custo" a havia levado, nesta vida, a buscar a "ajuda" de trabalhos espirituais pagos para aquietar seu marido, que, não agüentando mais suas lamúrias e cobranças, estava pensando em se separar dela.

No momento em que o dirigente dos trabalhos lhe inquiriu sobre a possibilidade de ter se envolvido com magia, negou veementemente, afirmando ser uma pessoa católica e correta. Nada lhe foi cobrado sobre isso, embora o grupo tivesse a certeza do fato, confirmado pela preta velha vó Benta.

Nesse primeiro atendimento, foram realizadas as limpezas energéticas mais urgentes e solicitado novo atendimento para trinta dias depois.

Nesse tempo, Nazaré passou a ter sonhos em que se recordava com nitidez da noite em que, após a "hora grande", aquele homem vindo de outra cidade havia realizado a "limpeza" em sua casa. Mesmo contrariando a vontade do marido, havia contratado por telefone aquele que se dizia "pai de santo", conforme anúncio que lera no jornal. Pagara a ele o suficiente para efetuar a compra de uma grande quantidade de alimentos, com a desculpa de que o material usado era caro, dizendo, inclusive, que seu trabalho era caridade.

Seu sonho era recheado da lembrança tétrica daquele galo enorme e preto que lá havia chegado vivo e que, após a "incorporação" do "dito" exu, foi morto com os dentes do homem em seu pescoço, jorrando sangue para todos os lados, pelo desespero da ave que se debatia, lutando contra a morte violenta. Os urros daquela entidade e sua boca sugando o sangue quente da ave ainda viva, agora mais do que nunca, pareciam como cenas de um filme de terror em sua mente. Os móveis e paredes respingados pelo sangue só deveriam ser lavados após três dias, conforme orientação da entidade.

Esses pesadelos infernizaram sua vida e, antes que chegasse o dia marcado para o novo atendimento apométrico, ela se dirigiu ao dirigente e, solicitando uma entrevista, contou-lhe tudo, desmentindo-se. Orientada a se acalmar e a procurar o "orai e vigiai", além do exercício do perdão, ela aguardava ansiosa pela ajuda.

No dia programado, sua ansiedade, um pouco mais amenizada, ainda traduzia a busca do "milagre" a que pensava ter direito. Após os procedimentos normais utilizados pela técnica apométrica para a harmonização do consulente desdobrado, foram reordenadas as várias ressonâncias de vidas passadas que estavam vibrando intensamente por força de sua desarmonia constante e por necessidade de reajuste, solicitado por seus protetores.

Vó Benta, ao final do atendimento, manifestou-se por intermédio de seu aparelho para o fechamento do trabalho e para prestar esclarecimentos a Nazaré:

– Salve, zi fios! Nega véia, que é muito da metida, vai abrir as tramela para esclarecer uns pontecos que ainda estão meio confusos nessa história toda. Quando a espiritualidade alerta os filhos da Terra, dizendo que "milagres não existem", alguns de cabeça dura e ainda acostumados a negociar com o além duvidam disso. Pois bem, o que os filhos puderam presenciar está ainda longe do que realmente ocorreu no plano astral. Quando essa filha de "camutinga", ainda endurecida, contratou o serviço daquele médium das trevas, que se dizia trabalhar para a "limpeza das casas", queria que a sua vontade se fizesse mais uma vez. Em permanente desequilíbrio emocional, não percebia que ela era a maior feiticeira de seu ambiente doméstico e, demonstrando pequenez de espírito, terceirizou a culpa para uma suposta amante do marido. Isso logicamente foi incentivado como verdade pelo contratado, que agia em comunhão com as entidades que queriam se divertir e se abastecer com a energia vital da ave, além da energia etílica do whisky bebido pelo farsante, durante a "cerimônia". A suposta limpeza na verdade se transformou num ritual em que um número enorme da pior escória da espiritualidade se fez presente, condensando ali suas energias telúricas, deixando franjas no ambiente que vibravam até hoje. Muitos quiumbas permaneceram no ambiente por longo tempo, tentando influenciá-la a reativar o trabalho, e, não fosse a atuação enérgica de seu marido, ela o teria feito. O sangue bebido pelo médium era da mesma forma sugado pelas entidades deformadas e rastejantes que lá se encontravam, fortalecendo-as para que pudessem permanecer semimaterializadas na crosta terrena. Imaginem os filhos que tipo de "limpeza" foi feita então! Por outro lado, esse médium que se dizia umbandista, além de sério comprometimento com as trevas, estava, com esse trabalho nefasto, disseminando o mal, quando poderia procurar se instruir e trabalhar para a Luz. Ele denegriu, com isso, o trabalho sério de tantos médiuns e templos que servem à Lei Maior. Nega véia precisa dizer para essa filha que busca ajuda que, se continuar teimosa desse jeito, pouco vai adiantar tudo de bom que recebeu aqui neste lugar. Sua mudança de atitude em relação à vida é o remédio que vai curar suas dores de cabeça, sua depressão, e harmonizará seu lar. Tem um medicamento que vou receitar para a filha, e deverá tomar toda noite antes de dormir. É este aqui, filha.

Mostrando o Evangelho que estava sobre a mesa de trabalho, a preta velha sorriu e continuou:

– Recomendo que mastigue um capítulo por noite, mas bem mastigadinho. Não pode engolir inteiro, tem que sentir o gosto, e lhe garanto que é bem doce. Depois pode dormir tranqüila, pois não dá indigestão. Quando terminar, recomece, até que os sintomas desapareçam.

Para uma mente endurecida, ainda era complicado ouvir e, sobretudo, tentar assimilar tais mudanças. As verdades doíam, quase a violentavam, tamanha era a cristalização do negativismo em que se encontrava. Muitas noites seriam necessárias ainda para que, em desdobramento, fosse elucidada amorosamente por sua protetora, que já fora sua mãe e que, agora agradecida, reverenciava o grupo apométrico pelo auxílio àquela filha tão querida.

– Quem procura sarna tem que se coçar, já dizia um negro velho sabido lá da senzala nos idos do antigamente. E ele sempre nos mostrava, ainda éramos crianças, o cachorro do feitor, que, embora mais bem alimentado do que os negros, quando era atacado pela sarna, pelejava e enfeiava também. E era com as ervas do negro velho que vinha se curar, nem que depois fosse ele mesmo a ajudar a rastrear escravo fujão, levando-o pelos dentes até o tronco para ser castigado. Por isso repito para os filhos que a verdadeira caridade não pode nem deve esperar a paga. Que sua mão esquerda não saiba o que a direita ofertou. Saravá!

Machadinha de Xangô

Naqueles campos do sul, o vento minuano soprava com tanta intensidade naquela noite de inverno que, ao bater nas janelas do rancho humilde à beira da estrada, parecia procurar uma fresta para se agasalhar no fogo do lampião.

Os poucos cobertores que tinham cobriam os meninos, enquanto a mulher andava de um lado para o outro, tentando se aquecer e disfarçar as dores, esperando o dia amanhecer para só então chamar dona Belinha, que morava perto do ribeirão, meia hora dali. Sabia, pelas dores, que a hora do parto se aproximava e, mais uma vez, estava sozinha. Fora assim com os outros dois filhos, pois seu marido trabalhava na fronteira, longe dali. Porém, dessa vez, era noite, chovia e fazia muito frio.

As dores aumentavam, assim como seu desespero, quando se lembrou da santinha. No canto da casa havia colocado uma prateleira com a imagem de Nossa Senhora Aparecida, que ganhara lá no terreiro de umbanda, de uma preta velha, quando, no ano anterior, foi até lá com dona Belinha buscar um benzimento para os meninos. Acendeu a última vela que guardava para uma emergência e, fechando os olhos, rezou com toda a fé de seu coração, pedindo que a criança nascesse somente ao clarear do dia, com a presença da parteira. Sentiu-se estranha, como se seu corpo estivesse muito leve, e sentiu uma sonolência atípica. Para evitar que adormecesse ali sentada, deitou-se e, após uma contração bem forte, viu que havia chegado a hora.

A bolsa d'água rompera. Ela mordia o travesseiro para evitar acordar os meninos com seu grito de dor. De repente, o quarto havia se iluminado, e, virando-se, viu dona Belinha, a parteira, com um lampião aceso. Mesmo sem saber se era imaginação ou realidade, acalmou-se e deixou tudo por conta dela.

Após mais duas contrações fortes, nascia o menino, que era envolvido por um pano branco nas mãos da parteira. O cansaço fez com que ela adormecesse, sentindo-se confortável com a criança aconchegada ao seu lado.

Acordou pela manhã com as batidas na porta do casebre:

– Abra a porta, filha – era a voz de dona Belinha, atendida pelas crianças.

Entrando no quarto e vendo a mulher com a criança ao lado, espantou-se:

– Nossa Senhora! Como foi isso, mulher? Quem fez o parto?

Sem entender nada, ela sorriu e disse:

– Ora, quem? A senhora!

– Eu? Como será? Estou chegando agora! Vim porque sonhei contigo e pensei que estivesse precisando.

– Dona Belinha, por favor, a senhora fez meu parto sim. Esqueceu-se? Veio de madrugada com um lampião, trouxe até um chá.

A essa altura a parteira estava pensando que a mulher não estava em seu juízo normal. Tratou de fazer logo umas xaropadas e verificar se ela não estava febril. Com a criança, logo viu que estava tudo bem. O umbigo havia sido cortado de maneira correta, o menino estava limpo, bem vestido e alimentado.

A mulher, por sua vez, compartilhou do mesmo pensando da parteira: "Deve estar caduca, por causa da idade avançada".

E assim passou algum tempo, quando, juntas, foram ao terreiro de umbanda para tomar um passe e pedir a bênção da preta velha para a criança.

– Saravá, zi fia! Nega véia tá muito contente por ver que foi tudo bem no parto.

— É, foi, minha mãe.

— Apesar de tê-lo feito sozinha — dizia dona Belinha para a preta velha.

— Eh, eh, sozinha coisa nenhuma. Neguinha tava muito bem assistida, e, embora as duas não tenham entendido nada do acontecido, posso garantir que eu sei o que aconteceu.

As duas olharam-se desconfiadas.

— Todos os filhos estão sempre assistidos conforme seu merecimento. Nenhuma mãe que vai parir estará desamparada pela assistência divina, e nós, que pertencemos às bandas da Aruanda e já trabalhamos como parteira dos negros na senzala, embora num corpo de "morto", ainda puxamos muita criança para fora do ventre. Naquela noite, insistimos com a dona parteira, intuindo para que fosse até a casa da filha, mas, por causa do tempo feio, ela esperou o dia clarear. A criança, pelos desígnios maiores, precisava nascer naquele momento, naquela hora adequada às suas necessidades encarnatórias. Por isso, quando dona Belinha adormeceu e, mesmo não se lembrando, em desdobramento foi realizar o parto. Não foi sonho de nenhuma das duas. Existem coisas que ainda estão além do entendimento dos filhos encarnados, mas que se fazem rotineiros no mundo dos mortos.

Sem entender quase nada da explicação, pela limitação cultural das duas mulheres, preferiram acreditar que uma estava confundindo a outra com histórias mal contadas.

— Aqui está um filho de Xangô e Iansã, forte, decidido e que nasceu durante a tempestade, quebrando com seu machado aquilo que os filhos definem como "normal". Há de ser um raio de luz naquela vivenda e trará a muitos a justiça incondicional, pois tem uma missão grandiosa na Terra. Sua palavra será um trovão, e seu machado avançará cortando mironga por esse mundão afora.

Mais uma vez as duas mulheres não conseguiam entender quase nada.

Só agora, já no mundo dos mortos, dona Belinha sorria faceira vendo aquela "criança" crescida e estudada, vestindo sua toga preta, ajuizar as causas em favor da justiça, dando como última a sua palavra, que era um trovão inconfundível. Em noites designadas, trocava a toga preta pela roupa branca e, de pés descalços, dava passagem ao seu caboclo Xangô Kaô, atendendo numa tenda de umbanda.

Um pai velho

Sentado em seu toco, aquele pai velho aguardava seu "menino" chegar. Sentindo uma dor repentina no peito, o rapaz deitou seu corpo e aquietou sua mente, procurando encontrar o motivo da dor. Envolto pelas energias emanadas do lado astral por seu protetor, desdobrou conscientemente e se viu em um local amplo e bem iluminado, em frente àquele negro velho, de aspecto cordial, que fumava um cachimbo.

Com olhar enigmático e profundo, manipulava o elemento fogo, com o qual transmutava energias que se mostravam como pequenas serpentes que se movimentavam por entre as chamas.

– Seja bem-vindo, meu menino!

– Salve, meu Pai!

– Pai velho o trouxe até sua dimensão, de maneira consciente, para que, lembrando-se do fato, possa dar início de uma vez à parceria que já tarda. Dessa vez nos comprometemos a trabalhar nas lides da umbanda, remexendo na magia, para que, ressarcindo o passado, possamos retornar ao caminho traçado outrora. O filho, de racionalidade extremada, pelos medos gravados no inconsciente, até então tem me barrado a comunicação. Mas a bondade divina me permitiu, de certa forma, "forçar" pelos meios que nos faculta a magia do bem para que, nesse estágio de sua vida, pudesse abrir o emocional, acalmando o coração. A pequena dor no peito que o fez aquietar, ou melhor, o amor que o vem fazendo desbloquear os sentidos e as energias, foi a ferramenta usada por este preto velho, que tem uma ligação de extremo amor pelo espírito do filho. Desarmado fica mais fácil, não é? Com o coração aberto, com a mente mais esclarecida, é hora de colocar em ação no plano físico o longo preparo que realizamos no astral. Preciso de seu aparelho e, independentemente da forma como isso vai se dar, o rumo é um só: a magia.

    Estalando os dedos, pai velho acionou a memória ancestral de seu protegido, mostrando que outrora haviam sido pai e filho. Numa época em que a rudez exigia um arquétipo físico quase animalizado, nascera, justamente do chefe da tribo, um menino frágil. Quando isso acontecia, era permitido pela lei local que o casal optasse pela morte da criança, para evitar que ela sofresse por não ter o aspecto brutal idealizado pelos pais para seus filhos varões, que seriam os futuros guerreiros.

    Aquele amontoado de músculos que faziam do chefe um guerreiro destemido, no entanto, não escondiam o ser agraciado por um coração justo e sensato. Ao ver o frágil menino que sua companheira parira, não conseguiu se isentar do imenso amor que aquele ser minúsculo acendia em sua alma. Sábio, buscou aconselhamento com o feiticeiro da tribo e, sabendo que ali estava um espírito especial, recebeu-o e deu-lhe o direito à vida.

— Meu espírito endividado nascia correndo todos os riscos de não ter a chance de ser recebido naquela encarnação. Não fosse o amor de seu coração, filho, em muito teria atrasado minha caminhada. Foi derradeira para mim aquela oportunidade, quando, em detrimento do físico, desenvolvi o mental. Formou-se então nosso elo, e meu compromisso para com você. Em outras idas e vindas sempre nos auxiliamos, seja juntos na matéria, como parceiros no astral, seja nos resgatando mutuamente nas caídas inevitáveis. E assim, meu menino, mais vez este espírito bate à sua porta pedindo para que seja aceito. Vá em paz.

    Ao retornar, a dor no peito desaparecera, assim como a figura do pai velho que sumiu à sua frente como fumaça. O que ficou foram a certeza de que havia um trabalho a ser feito e a alegria de saber estar protegido por um amor tão grande.

A imagem

— Saravá, minha preta! Estou aqui trazendo a imagem de Nossa Senhora Aparecida para que a senhora possa abençoá-la. É a santa de minha devoção, e já fiz até um altarzinho para ela em minha casa, onde oro e acendo minhas velas com os pedidos de ajuda para as pessoas. Sabe, minha preta, eu sou benzedeira porque herdei esse dom de minha avó. E é a santinha preta quem invoco em minhas benzeduras.

Sem tempo para que a preta velha respondesse qualquer coisa para a mulher que desenrolava de um papel branquinho a imagem da santa, o dirigente daquele templo, avisado pelo cambono, dirigia-se até ela e bradava solene:

— Com licença, minha mãe. Minha senhora, aqui neste terreiro, como a senhora pode observar, não temos imagens de santos. Aqui professamos a Umbanda sem sincretismos e não acreditamos nos santos católicos, por isso pedimos que a senhora dialogue à vontade com a preta velha, sem realizar, contudo, seu pedido de benzer a imagem.

A mulher, desconcertada, olhava para a médium incorporada e para o dirigente, tentando entender, enrolando no papel outra vez a imagem.

A preta velha, por sua vez, manifestou-se ao dirigente:

— Salve, zi fio, suas ordens são a lei da casa, e à preta velha que só vem aqui para trabalhar resta acatar. Se me permite, vou atender a filha agora.

— A preta velha abençoa a filha por estar prestando a caridade, benzendo os doentes e necessitados, e fica muito feliz por saber que aceitou a missão, herdando os ensinamentos de sua avó. Nesses tempos modernos em que tudo é resolvido rapidamente pela química e as pessoas acreditam muito pouco naquilo que vem da natureza, é uma bênção encontrar uma moça nova que se sujeite a esse tipo de auxílio. Fico feliz também, zi fia, porque você é devota de Nossa Senhor Aparecida, a padroeira de nossa amada terra Brasil. A imagem da santa preta, misteriosamente encontrada nas redes de pesca, não o foi por acaso. Para um país onde a religião oficializava um credo específico e direcionado, impedindo que os negros escravizados tivessem direito sequer à própria vida, quanto mais a professar sua crença, e onde os "senhores" impunham como lei que os de pele negra não possuíam alma, não seria o acaso quem traria a imagem da virgem idolatrada por essa casta, na cor negra. A Suprema Inteligência Divina usa de meios simples e objetivos para mostrar aos filhos da Terra que o amor d'Ele é tão magnânimo que ultrapassa todas as barreiras criadas por nossos egos. Por meio da imagem, o Pai quis dizer aos filhos que a própria virgem, mãe de Jesus, revestia-se da pele negra, mostrando que o exterior não demonstra o que se leva no coração. Quanto à sua santa, filha, a preta velha, que não tem os preconceitos dos filhos da Terra, abençoa a imagem, condensando nela energias de cura, as quais serão emanadas aos filhos de fé que buscarem diante dela saúde e proteção.

— Saravá, minha preta. A senhora aliviou meu coração, pois já estava pensando que fazia algo errado.

— Vá em paz, filha. Continue a exercer sua missão, que é tão ou mais nobre do que a de tantos outros filhos que se atêm a normas em detrimento da fé. Saravá, e que a mãe preta possa protegê-la sempre nessa caminhada.

Depois de outros atendimentos, a preta velha solicitou ao cambono que chamasse o dirigente da casa, a quem aconselhou amorosamente com as seguintes palavras:

– Esta negra véia não está aqui para modificar nada, muito menos as normas estabelecidas no plano material pelos filhos que dirigem tão bem este templo. Mas, diante do acontecido de hoje, obrigo-me a dizer ao filho que a rigidez que certas normas impõem não deixa atrás a proibição que nos era feita em relação a nossa crença nos Sagrados Orixás, lá no tempo da escravidão. Que bom que o tempo e a evolução permitem aos filhos não precisarem mais de imagens no congá para exercitar sua fé, mas que pena que essa evolução não tenha feito os filhos compreenderem que existem outros companheiros de caminhada que trilham estradas paralelas e que ainda precisam de algo palpável para direcionar suas mentes ao Criador. O fato de aquela humilde benzedeira, num ato de fé, ter trazido a sua santinha para a negra véia imantar aqui neste terreiro, onde as imagens foram abolidas, não desqualifica a umbanda, que se manifesta na humildade, na simplicidade e no amor. A compreensão que deve ser exercida é aquela que Jesus ensinava em suas andanças pela Terra. Nunca se viu o Divino Mestre impondo leis que não fossem a de "amar a Deus acima de tudo e ao próximo como a si mesmo". De resto, filho, tudo é efêmero, e as formas ou formalidades a que nos agarramos aqui ainda se dissolvem diante da manifestação da verdadeira caridade que está sendo exemplificada pela filha benzedeira. Jesus, ao escolher seus discípulos, não o fez com base na sabedoria nem na disciplina de cada um. Escolheu gente simples, humilde e rude, mas que sabia que tinham no coração a capacidade de amar e servir. O mais requintado e aparentemente sábio entre eles era Judas, que o traiu. Com isso, quero dizer que evoluir é mais do que ter conhecimento. A umbanda nasceu para ser simples, para poder envolver a fé daqueles que também são simples. Cuidado, filho, para não ultrapassar os limites e acabar elitizando esta corrente de luz, deixando fora dela os que não têm alcance intelectual. Que Nossa Senhora Aparecida, a mãe preta do Brasil, possa envolvê-lo em seus braços de mãe amorosa. Saravá, meu filho, e perdoe esta preta véia por expressar sua sinceridade.

Cabisbaixo e com os olhos marejados de lágrimas, o médium beijava as mãos da preta velha, agradecido e envergonhado. Reconhecidamente lhe faltara a humildade naquele dia, a humildade de aceitar a manifestação de fé de alguém, que, com certeza, elevava-se acima do pedestal em que se colocara como dirigente. Convicções à parte, as manifestações são meros apelos, quando o que importa para o Pai Maior é aquilo que guardamos em nosso coração. Caridade que se faz com o coração tem cor, cheiro e jeito de amor.

O olhar de Jesus

Apesar de estar acostumado à rudez que a profissão obrigava, o comandante de uma das tropas que compunham o exército, cuja meta principal era perseguir os seguidores daquele homem que se dizia o "Filho do Altíssimo", já se cansava daquela vida. A idade lhe roubava as forças, e, diante de tantos relatos dos milagres no meio do povo, já não sabia se aquilo lhe instigava mais ódio, motivando-o a continuar com a perseguição, ou se algo naquele homem misterioso mexia com sua alma endurecida.

Seus sonhos eram perturbados constantemente pela presença daquele homem quem nem conhecia e de quem só ouvira falar. Perturbado, acordou naquela manhã decidido a invadir o local onde se reuniriam, no final do dia, o homem e seus seguidores.

Chegando com sua tropa próximo ao local, pôde ver que muitos aleijados, mulheres e crianças, além de homens simples, encaminhavam-se para a beira do lago. A euforia tomava conta de seus rostos e nem a presença da tropa armada os influenciava a retornar ou parar. O comandante, à medida que se aproximava, foi sentindo taquicardia e pensou estar beirando a morte. Também por isso avançou mais decidido ainda, pois, se morresse naquele instante, pelo menos teria cumprido o ato heróico de primeiro entregar aquele homem, que considerava fora-da-lei, aos seus superiores.

As pessoas pareciam ignorar a presença dos soldados e, atentas, ouviam Jesus falar sobre um reino onde a justiça existia e o amor imperava. Abrindo caminho entre a multidão e a poucos metros de Jesus, o comandante abriu a boca para dar voz de prisão, mas nada pronunciou, pois suas mandíbulas travaram, e, quando o homem a quem perseguia levantou os olhos de encontro aos seus, ele cegou. Aquele olhar se direcionou a ele como uma luz tão intensa que seus olhos escureceram e ele tombou do cavalo, sendo socorrido por seus soldados.

Não foram só seus olhos que receberam a luz daquele homem. Em choro convulsivo, ele drenava do peito a culpa e ordenava ao seu exército que se retirasse dali. A dor que sentia não era em seus olhos, mas em seu coração. Aquele olhar o havia cegado para o mundo físico e aberto sua visão interior, em que a escuridão invadia, já por toda uma vida.

Desnorteado, desligou-se do exército e se recolheu a uma caverna, vivendo a pão e água. Apesar de sua rigidez, era muito estimado por vários de seus soldados, principalmente por um a quem confiava suas ordens mais secretas. Este, vendo seu comandante, até então homem forte, decidido, quase imbatível, jogado como um mendigo sem poder enxergar, desesperou-se e, em ato solidário, furou seus olhos, cegando-se também.

O Mestre Jesus não o havia cegado com seu olhar amoroso. Lançou a ele um olhar de compaixão, acionando suas trevas interiores que, pela rudeza e incapacidade de entendimento, traduziu-se como cegueira. Na verdade, muitos de nós ainda hoje preferimos fechar os olhos para a Luz, se esta nos pedir qualquer transformação interior. É mais fácil cegar do que enxergar a verdade, e, por isso, permanecemos perambulando nas trevas de nossas ignorâncias, quando nos bastava abrir as portas do coração.

– Esta é a história desses dois homens que há pouco estavam ajoelhados diante da preta velha, meu cambono. Hoje pai e filho; outrora o comandante e seu solidário soldado. A cegueira da época transformou a perseguição ao Mestre Jesus na fé inabalável que hoje têm pela figura do Cristo. Porém, ainda estão latentes as culpas que carrega dentro de seu inconsciente por ter se acovardado diante da inusitada oportunidade que teve de se tornar um seguidor de Jesus. Mostrando toda a sua miséria interior, preferiu se enclausurar e abandonar a vida, levando consigo aquele moço que furou os próprios olhos para demonstrar solidariedade a ele. O gesto do rapaz o desesperou mais ainda, pois, diante daquilo, teve a certeza de que até sua amizade fazia mal às pessoas.

Por ora, suas ressonâncias negativas foram acionadas dramaticamente pelos últimos acontecimentos. O rapaz, hoje seu filho, apresenta problema sério de visão, diagnosticado como trombose do fundo do olho, tendo que se submeter a uma cirurgia, sem contar as dores constantes que vem sofrendo.

– Minha preta, mas se passaram mais de dois mil anos e ainda esses filhos trazem as marcas dos erros cometidos naquela época?

– Tudo fica gravado na tela holográfica universal, para que nada se perca aos olhos da Lei. Não importa quantos séculos se passaram ou quantas encarnações já vivenciaram, aquilo que ainda marca o corpo energético dos filhos está pedindo resgate. Só o corpo físico nos possibilita a drenagem e limpeza do espírito, por isso, cambono, é preciso ter o máximo respeito e cuidado com ele. No Universo nada dá saltos, e ainda existe o respeito absoluto pelo livre-arbítrio. Quem sabe quantas oportunidades se fizeram nesse intervalo de tempo para que tudo já estivesse resolvido? Ter as oportunidades é uma coisa, aproveitá-las é outra. A pressa em evoluir é individual, pois o tempo de Deus é a eternidade. Quanto a nós, temos pressa, mas, a passo lento e desse jeito, perdemos valiosas oportunidades. Mas, como diz negro velho: "é no andar da carroça que as abóboras se acomodam". Tudo a seu tempo, cambono. Tudo a seu tempo!

Auxiliadora era seu nome

Talvez, quando nasceu, sua mãe escolhera seu nome porque a imagem de Maria Auxiliadora que ganhara de sua madrinha, ainda quando pequena, era sua proteção contra as aflições da vida. Sendo ela muito sensitiva às coisas do espírito, intuitivamente sabia que a menina tinha uma missão especial na existência terrena.

Quando adulta, o chamado se fez ouvir, e Auxiliadora, descobrindo-se médium, seguiu trabalhando e se aprimorando nas lides espiritualistas. Embora dedicada, trabalhadora, a vida não lhe poupava seguidamente de lhe dar uns puxões, que acarretavam tombos inevitáveis. Tantas vezes isso se repetiu que um dia Auxiliadora pensou em desanimar. A vontade de largar o trabalho mediúnico aflorou de tal forma que ela já nem orava mais.

Do outro lado, no plano astral, sua protetora não deixou de observar que sua tutelada cambaleava. Era hora de tomar providências, pois, embora devedora da lei, Auxiliadora estava prestando inestimável serviço às falanges do bem naquele momento de sua caminhada.

Naquela noite, imediatamente após a sua saída do corpo carnal por meio do sono, Auxiliadora sentiu a presença de uma mulher perto de sua cama. A princípio não definiu bem, pois ainda estava muito próxima de seu corpo físico, e isso nublava seu discernimento, pela obscuridade natural que a matéria impõe sobre a lucidez do corpo fluídico. Ao afastar-se mais, seus cordões receberam um jato de luz de amparadores espirituais que ali se encontravam, e ela pôde então reconhecer na mulher o espírito de uma amiga querida de outras épocas vividas na Terra.

Na memória ancestral nada se perde. Nossos arquivos akásicos registram todas as passagens vivenciadas, possibilitando, quando necessário, a busca por essas informações. Embora a memória física fique restrita à lembrança da vida atual, guardamos em arquivo especial a gravação de sons, imagens, cheiros e gostos já experimentados.

Sim, era ela, sua amada Mariazinha. E, embora a vestimenta astral não fosse a mesma daqueles tempos, podia vê-la por dentro, sentir sua essência onde e quando fosse, tamanha a ligação que as unia.

– Mariazinha, por que você está assim?
– Assim como, minha amiga?
– Preta, e parecendo uma velha.

Sorrindo descontraidamente, aquele espírito abraçou-a, primeiro para sentir seus corações batendo juntos novamente, para somente depois responder à pergunta:

– Ah, minha amiga querida. De tão acostumada que estou a andar "vestida" assim nem me lembrei da possibilidade de isso assustá-la. Além do mais, embora você ainda não tenha percebido, já faz tempo que ando por perto, "vestida" dessa maneira. Atualmente trabalho na umbanda e me visto de preta velha para poder ajudar os filhos adoentados que lá vão buscar alento.

– Na umbanda?
– Sim, na umbanda. Algum preconceito?
– Não, mas...

Observando a mudança energética, pelas cores expelidas de seu corpo astral, Mariazinha, espírito experiente e bondoso, soube naquele momento que havia, por parte de Auxiliadora, algumas restrições em relação à sua citação.

– Amiga querida, há tempos a venho observando, pois, embora até hoje nada tenha revelado a tua consciência física, quero que se lembre do que vou lhe falar quando acordar pela manhã. Assumi com nossos superiores a tua tutela nesta encarnação, justamente pelo amor que nos une e pela necessidade que se faz no momento. Sou aquilo que chamam de protetora. Isso não me impede de exercer inúmeras outras atividades aqui no mundo dos mortos, onde a vida é mais palpitante do que no mundo dos vivos. Escolhi a umbanda para trabalhar, porque, assim como você, em certa altura do caminho me "distraí" e errei a fórmula, confundi os ingredientes da receita, e o resultado foi um bolo abatumado.

A preta velha, enquanto falava, acionava na memória de Auxiliadora a lembrança de um tempo em que ambas deveriam ter curado as criaturas, mas em que, por ganância, orgulho e vaidade, usurparam da sabedoria e da oportunidade recebidas do Criador, em proveito próprio. Reacendida a memória, ficava mais fácil entender.

– Sua tarefa com os necessitados tem sido exemplar. Sua dedicação ao serviço mediúnico é motivo de alegria para nós que a orientamos. Mas nada pode ficar estagnado, senão apodrece. Dessa forma, a primeira etapa de sua caminhada findou, por isso sente desânimo. Porém, amiga querida, já nasce um novo dia, e o sol desponta. Começa para você agora um novo aprendizado e um novo tempo, mas é preciso que mude os rumos de sua caminhada. Tanto eu quanto você temos um comprometimento juntas. Vá e aprenda sobre a umbanda, juntando tudo o que já aprendeu na seara espírita, pois é preciso que em breve possa dar passagem a essa amiga, quando então, sentadinha no toco, vai acalentar e curar. Temos uma parceria a cumprir.

– Mas como vou fazer isso? Tenho que mudar toda a minha vida, meus conceitos, e, inclusive, a casa onde trabalho não aceita os espíritos da umbanda.

Sorrindo novamente, a preta velha acariciou suavemente a mão da moça e prosseguiu:

– Filha querida, não existem espíritos "da" umbanda. Deste lado existem trabalhadores que atendem às necessidades dos filhos da Terra, independentemente de religião ou crença. Quando conseguimos compreender que o caminho que leva ao Pai é um só, não rotulamos mais nada nem ninguém, apenas trabalhamos. O amor é o único ingrediente. Se a casa onde presta caridade não aceitar seu trabalho, sem mágoas ou julgamentos, bata em outra porta, e em quantas for necessário, mas prossiga e cresça. Se nenhuma porta se abrir, mesmo assim prossiga, e, observando as palavras de Nosso Senhor Jesus Cristo, "onde houver dois ou mais reunidos em meu nome, ali estarei", junte outros irmãos de boa vontade na estrada e abra a porta de sua alma, forme a sua casa, que lá estaremos para lhe dar amparo e proteção.

Ao acordar pela manhã, com a sensação de estar ouvindo um ponto cantado, desses que se ouve nos terreiros de umbanda, Auxiliadora lembrava-se de todo o diálogo. Ainda sentia o cheiro das ervas com as quais a amiga a havia benzido à altura do coração. Sentia paz, mas, ao mesmo tempo, estava apreensiva. Como seria isso? Abrir uma casa de umbanda? Receber preto velho? Ela não conhecia nada disso, ou será que conhecia? Depois do sonho, a busca por literatura sobre o assunto se tornou um ritual sagrado, e a cada uma delas parecia que só se abriam arquivos de informações já gravadas.

Reascendia nela a fé, a vontade que há dias estava amortecida. Um novo projeto se desenhava em sua vida, e, amparada pela espiritualidade, passou a deixar que a preta velha atuasse ou se manifestasse em seu trabalho na casa espírita. De início, as mensagens eram enviadas como se fossem de um mentor da casa, e, à medida que chegavam, eram testadas pelo diretor da casa, que comprovava a credibilidade do espírito manifestante. Numa sessão ela veio, deu uma mensagem mais universalista e falou que, a partir daquele dia, sua médium precisaria continuar sua caminhada em outra seara.

Em pouco tempo abriu-se uma porta para recebê-la em um terreiro de umbanda, e ali começaram seus problemas. A família, que já não "engolia" o espiritismo, agora enlouquecia com a notícia. A discriminação ignorante das pessoas fez com que alguns vizinhos a temessem a partir daquilo, e muitos amigos a abandonaram.

Fortalecida pela fé, tentou ignorar toda essa egrégora negativa que se formava ao seu redor para trabalhar em prol da caridade. Mas, após algum tempo, sentindo-se só, perguntou à sua protetora por que lhe era tão caro cumprir sua missão:

– Amiga querida, às vezes ficamos sozinhas no campo de batalha até que cheguem novos soldados para nos auxiliar, mas isso não significa derrota. Basta acreditar e não deixar que o medo nos assuste. Quem hoje mais discrimina e fere sua alma em breve será seu aliado. Para tanto, mostre o valor da causa abraçada, exemplifique. Cabe a você mostrar que eles estão errados em seus pré-julgamentos. Se foi preciso entrar na umbanda, isso não desmerece todo o magnífico trabalho desempenhado no espiritismo até então. Pelo contrário, ele foi sua base sólida. O passado exigiu de você que voltasse a mexer com magia, e hoje isso vem para curar. Cada um está em seu devido lugar, no devido tempo, por isso, às vezes, precisamos mexer nas pedrinhas, mudá-las de lugar, para que não se crie limo, para que haja renovação.

Confiante nas palavras da preta velha, seguiu adiante, sabendo que o exercício de sua mediunidade não a isentaria das pedras nem dos tombos do caminho, mas certa de que não lhe faltaria força e proteção para superar tudo isso.

Hoje Auxiliadora completa 80 anos e coleciona também sabedoria. Sabedoria que recebeu de seu contato com a preta velha e com todos os outros guias da umbanda com quem trabalhou. Nunca se casou, não teve filhos paridos, mas perdeu a conta do número de filhos do coração que angariou. Sabe que em breve deixará seu corpo carnal para se juntar à amiga querida, Mariazinha, lá nas bandas de Aruanda. Até lá, continua semanalmente sentadinha em seu toco, fumegando seu "pito" e cumprindo sua missão.

Seu nome é Auxiliadora, não me perguntem o porquê.

Ambrósio

Ao irradiar suas vibrações sobre a médium, a primeira manifestação daquela entidade provocou uma reação catártica de tremores involuntários nos membros, aos moldes de um portador do mal de Parkinson.[1] Após desenvolver sua atividade com o consulente, apresentou-se ao dirigente com o nome de Ambrósio, contando sua história:

"Há bastante tempo no calendário terreno, vivi como um negro, em terras brasileiras, descendente de escravos africanos já em sua segunda geração, trazendo em mim um ódio latente pela raça branca e pelo poder econômico que ela exercia sobre os negros menos favorecidos. Meu sentimento desregrado fez com que me voltasse para o lado escuro da magia, cometendo muitos desmandos usando o ritual vodu. Ligado a entidades espirituais do baixo astral, era fortemente intuído ao aprendizado alquímico e formulei uma mistura com algumas ervas venenosas, as quais injetava nos bonecos que me serviam como endereço vibratório, à altura da nuca, enfeitiçando-os. A criatura visada, se receptiva energeticamente, passava a perder a coor-

---

1 O mal de Parkinson é causado pela diminuição dos neurônios produtores de dopamina, substância que permite a comunicação entre células nervosas. A perda de células que produzem o neurotransmissor dopamina é que causa os tremores involuntários.

denação motora produzindo em sua musculatura movimentos rígidos e lentos.

Diante desse quadro, muitas vítimas perderam sua autoestima, a ponto de provocarem a própria morte. Quando desencarnei, obviamente me deparei com aqueles que escravizei no mundo espiritual, bem como com o ódio que plantei em vida, e permaneci em lugares de muita dor até que se esgotasse toda a densidade acumulada em meu corpo astral. Um dia fui socorrido pelo espírito que havia sido minha mãe na última vida terrena e, por determinação das leis cármicas, na encarnação seguinte, desde muito jovem, desenvolveria a doença de Parkinson, além de intenso processo alérgico na área genésica, o que me impediria de conviver com qualquer parceira. Meu sofrimento naquela vida foi aliviado pela bondade de irmãos de uma sociedade espírita que me auxiliaram a compreender a lei do carma, além do conforto material proporcionado por bondosas doações de alimentos. Após essa vida, voltei mais uma vez ao plano físico, em que constituí família e fui mais consciente de minha responsabilidade, embora sempre labutando com enormes dificuldades.

De volta ao plano astral, já mais aliviado pelo esgotamento no corpo físico, fui convidado a trabalhar no espaço intervidas como tarefeiro na vibratória dos pretos velhos, ajudando nos trabalhos de desmanche de magia negra, uma vez que, se um dia aprendi a fazê-la, sabia como desfazê-la também. Aceitei essa tarefa, comovido pela bondade divina em conceder oportunidade ímpar a este espírito ainda tão abarrotado de culpas.

Sei que causo certo mal-estar à médium nessas primeiras incorporações, pois ainda trago impresso em minha memória resquícios da doença que aflora desordenadamente ao choque com sua energia física.

No astral, durante seu sono físico, a médium aceitou de bom grado me ajudar nessa empreitada, e formamos uma parceria. Ela foi antecipadamente preparada por seus protetores, em escolas adequadas para que estivesse consciente de que atuará, a partir de então, em campo um tanto perigoso da mediunidade, pois, ao mesmo tempo em que é um instrumento de auxílio da Espiritualidade Maior, inevitavelmente fica sabendo como foram realizadas essas magias. É preciso, para tanto, uma consciência elevada, para evitar, assim, possíveis influências deturpadoras.

Aos poucos, por meio do trabalho redentor, tanto eu quanto o aparelho que me recebe estaremos adequando-nos e equilibrando nossas energias de modo a favorecer o trabalho. Sou muito grato ao grupo, que, por exercício do universalismo, oportuniza indiscriminadamente que espíritos como eu possam atuar na caridade."

Nota da médium: Podemos, com isso, analisar a dimensão das oportunidades que o Senhor dos mundos nos oferece, independente de nossa renitência em evoluir, mostrando que ainda somos muito pequenos moralmente para nos omitir de receber certas entidades ou escolher com quem atuar na mediunidade. Nesse sentido, a nossa sagrada umbanda, que abraça a todos com amor incondicional, devolve aos seres deste planeta a oportunidade de redenção, revelando que o verdadeiro sentimento do amor apregoado por muitos, mas vivido por tão poucos, é, sobretudo, sem fronteiras. O Mestre Jesus foi o ícone desse amor incondicional e desse universalismo de idéias e ações. Nunca negou oportunidade a nenhum espírito que buscasse regeneração, mas, por outro lado, também nunca realizou milagre a quem não estava querendo recebê-lo. Seguir Sua trilha é opcional.

Reencontro

Com as roupas rotas, as costas arqueadas pelo peso dos anos, era sustentada por um cajado, enquanto os pés insistiam em andar, embora calejados pela sandália gasta na aridez das estradas. Entre outros, esses aspectos faziam daquele homem de olhar bondoso uma figura ímpar e aguardada nos locais por onde passava anunciando o amor que seria trazido por alguém que viria em breve. A menina que caminhava ao seu lado era toda a sua família. Ele a havia encontrado em suas andanças, órfã e faminta, e carregou-a consigo. Dividiam o pão que ganhavam de mãos caridosas e dividiam também uma grande afetividade, pela carência que ambos tinham de um lar. Dela, ele recebia a alegria e a ingenuidade quase infantil ainda e, em troca, ele retribuía com o amparo de uma companhia segura e com os ensinamentos de um mestre.

Alguns anos e muitas estradas percorridas, além das histórias vividas em conjunto, quando, por vezes, eram alegremente recebidos por seres bondosos e carentes da mensagem sábia e confortante que distribuíam e quando, outras vezes, sentiam-se tristes, por encontrarem em seus caminhos corações endurecidos.

A parceria não acontecera por acaso, pois existia no astral uma programação prévia. Em épocas remotas, adensaram seus espíritos atuando na maldade, quando a rivalidade de dois magos havia instigado a revolta e a derrocada de todas aquelas almas que agora doutrinavam. Após o desencarne, haviam continuado essa luta inglória no astral inferior, até o dia em que as forças se esgotaram e só então aceitaram o retorno à Luz. Diante do passado tenebroso, traçou-se um comprometimento de unirem-se na miséria de uma vida terrena e exaltarem o amor a tantos quantos fosse possível. Havia naqueles espíritos muita sabedoria, e esta era a ferramenta escolhida para desafogar suas consciências culpadas.

Naqueles dias de tempo seco e quente em que cada gota d'água era preciosa, sentados à beira de uma das raras vertentes encontradas naquela região árida, olhando o brilho das estrelas, o velho falava de outros mundos e de anjos que lá habitavam.

A menina, com os olhos fechados, ouvia silenciosa, enquanto em sua mente as imagens se formavam, como se já conhecesse tudo aquilo. Num misto de comprometimento e arrependimento pelo passado esquecido no tempo, protegiam-se mutuamente e continuavam suas caminhadas, tentando recuperar o tempo perdido.

Numa daquelas noites, em que deitados, sob a proteção das estrelas, eles dialogavam, o velho, fixando-se nos olhos da menina, solicitou seu comprometimento em continuar aquele trabalho depois de sua morte. Pouco tempo depois, enquanto caminhavam pela estrada, após dois dias de estadia num vilarejo, foram assaltados por cavaleiros a mando do poder local, cujas idéias materialistas o velho contrariava em sua preleção amorosa. Maldosamente, mataram-no, aprisionando a menina, vendendo-a no mercado como escrava. Expressamente proibida de manifestar o aprendizado, foi levada a outras terras na América. Findou seus dias na angústia de não poder cumprir a promessa que fizera ao velho amigo.

Mas haveria outras encarnações, outros comprometimentos e necessitados de urgente resgate. Cada um seguiu seu caminho, até reencarnarem novamente, dessa vez em terras brasileiras, após quase dois mil anos depois da vinda d'Aquele a quem anunciavam naqueles tempos de pregação no Oriente.

Reencontram-se os dois espíritos e, em condições agora mais favoráveis, continuam o plantio, sequiosos por repassar conhecimentos a tantos quanto possível, ainda com o mesmo objetivo latente monitorado do Alto pelos benfeitores, obedecendo a um projeto da grande Fraternidade da Cruz e do Triângulo. Dessa vez, não percorrem a mesma estrada, mas agem sob a mesma orientação, partilhando as mesmas idéias.

Espíritos milenares comprometidos com a magia, tentando corrigir suas imperfeições, recebem da caridade distribuída o remédio que alivia, em primeiro lugar, suas dores, para que só depois esta venha exercer seu papel curador nos outros seres. Ambos atuando nas lides da Umbanda, arqueando suas costas, ofertam seus aparelhos para aqueles espíritos que aqui precisam atuar no plano físico e que, para tanto, não têm mais o corpo adequado.

Todos um dia retornamos ao caminho que havíamos traçado no início de nossa jornada evolutiva. Repensamos os tropeços, melhoramos a cada um deles. Já é hora de olhar para o Céu, não para sonhar com as estrelas, mas para saber que de lá "anjos" continuam a iluminar nosso caminho aqui na Terra. A nós cabe aproveitar essa Luz e não mais desviar a rota.

Ainda existem almas a serem resgatadas, consciências a serem aquietadas, e ambos conhecem o serviço a ser feito, por isso prosseguem com o plantio, aguardando o dia em que a colheita será dadivosa, sinalizando, então, que as ervas daninhas foram extirpadas.

Padre José

Naquela casa universalista, onde o trabalho de caridade era proporcionado pela mediunidade, que oportunizava indiscriminadamente a presença de todo espírito que desejasse fazer o bem, independentemente do segmento religioso, apresentou-se uma entidade pedindo licença para contar sua história.

"Sinto-me tão acalentado pelo acolhimento recebido aqui, que transformo em lágrimas a apreensão que trazia pelo fato de visitar pela primeira vez uma casa espiritualista e, mais ainda, por saber que aqui trabalham seres espirituais ligados à umbanda. Apesar do tempo passado em escolas do astral, em aprendizado para desfazer preconceitos errôneos trazidos de uma vida terrena, esta é realmente a primeira vez que adentro às portas de um templo do qual fui ferrenho combatente. Minha vida sacerdotal foi dedicada mais a combater as outras religiões do que a pregar o Evangelho, a que me propus quando fiz meus votos na Igreja Católica. Designado para trabalhar com o povo carente, num vilarejo nas proximidades da capital, não admitia a presença crescente na mesma vila de igrejas evangélicas e até me irritava com isso. Segundo a minha concepção, achava que elas desvirtuavam as minhas ovelhas. Como se isso não bastasse, na mesma quadra da minha igreja fundaram um centro espírita, e filas e filas de esfomeados acorriam para receber alimentos e passes. Cheguei a fazer chantagem durante a missa dominical, ameaçando as pessoas que freqüentavam aqueles "locais anticristãos", proibindo-as de receber a comunhão ou a extrema unção, se dela necessitassem. Vi, assim, minha igreja esvaziar-se de fiéis e tomei uma posição drástica, remetendo carta ao bispo pedindo providências. Logicamente, sendo ele uma pessoa sensata e devidamente preparada, orientou-me a ser mais dócil e a dedicar-me a um sermão que levasse alento às pessoas. Orientou-me, ainda, a procurar viver em paz com as outras religiões. A minha reação foi de extrema indignação, também com o clero, pois não concebia que Cristo pudesse estar no coração de quem não fosse católico. Tomado pela raiva e passando noites em claro remoendo esse sentimento destruidor, esqueci-me de buscar para mim mesmo aquilo que supunha dar aos fiéis, o perdão dos pecados, e me transformei num poço de amargura. Em pouco tempo fui perdendo vitalidade e adoeci, com sério problema cardíaco. Afastado da Igreja e tomado pela depressão, não tardou meu desencarne provocado por um infarto.

Vendo-me vivo ao lado do caixão, entrei em total desespero. Perambulei pela igreja e pelos arredores por um bom tempo, pedindo ajuda àqueles a quem eu ajudara, mas era ignorado por todos. No auge da dor, com minha consciência acusando não ter cumprido devidamente minha missão sacerdotal, sentado em frente ao altar, implorei a Jesus o seu perdão e desmaiei. Acordei em ambiente iluminado, auxiliado por várias pessoas que vestiam branco e que me aproximaram de uma senhora, cujo rosto eu reconhecia como o de uma das freqüentadoras daquele centro espírita. Meu desalento era tanto que só o que pude fazer foi pedir ajuda, adormecendo em seguida. Dessa vez, acordei numa aconchegante cama hospitalar, com a presença de meu pai, já desencarnado, ao meu lado. Seu sorriso e a saudade que sentia dele, aliados ao bem-estar que experimentava, não me deixaram sentir medo nenhum. Foi ele quem me deu as devidas explicações e me encaminhou para o aprendizado de que precisava naquele mundo.

Depois disso, só me restava o arrependimento, com a certeza

de que precisaria ressarcir o mal que praticara a mim mesmo e a outros irmãos, cego pela obstinada ignorância. Quando levado às frentes de trabalho, optei por servir num centro espiritualista, e aqui estou para oferecer meus préstimos no ambiente espiritual desta casa, cujo histórico repercute no mundo astral como exemplo a ser seguido por outros templos religiosos, além de referencial a quem deseja trabalho sério e comprometido com a Luz.

Pouco entendo do serviço a que me propus, mas, com humildade, estou aqui como aprendiz. Não tenho pretensão alguma e ficarei feliz se puder realizar a tarefa de limpeza, no final dos trabalhos. Basta-me a felicidade de provar a mim mesmo que estive enganado quando discriminei sem ter conhecimento, perdendo a oportunidade de ter sido mais feliz na vida física e evitando tornar-me um potencial suicida.

Acho que meu sacerdócio começa hoje, aqui dentro de uma casa que me acolhe, independentemente da religião que segui na vida, apenas como um irmão. Com base no que observei no vosso trabalho, refaço totalmente meus conceitos sobre tudo o que acreditei ser certo ou errado diante de Deus. Envergonhado, concluo que eu quis me apoderar de Cristo, sem nem mesmo conhecê-Lo, pois, fechado em minha prepotência, não O poderia receber nem mesmo por meio da hóstia sagrada. Engolia apenas a matéria de que ela era feita, mas, energeticamente, nada absorvia.

Sei que preciso e quero assumir, com a umbanda, um trabalho na caridade. Preciso burilar meu espírito para depois retornar ao ponto de partida. Quando me for permitido, solicitarei uma vaga em algum templo católico, para auxiliar a espiritualidade no trabalho de universalizar as mentes. Tentarei evitar que outros irmãos desvirtuem o sentido do Evangelho com preconceitos e que dele façam degraus de evolução, para si e para todos os fiéis que buscam nos sermões dominicais algo substancial para suas almas."

"Se uma religião combate o tipo de fé de outra, é por não estar segura da sua. Se uma pessoa julga seu semelhante, por não comungar consigo nas mesmas lides espiritualistas, é por duvidar do caminho por onde transita. Todos os processos são bons, onde eles se afiguram". *Horizontes da Mente,* Miramez / João Nunes Maia.

Liberdade

A família já se encontrava desestruturada em decorrência das bebedeiras diárias de seu Antônio, que agora o tornavam uma pessoa grosseira e até violenta. A única que ainda permanecia ao seu lado, embora contrariada, era sua esposa, que se abatia a olhos vistos. Antigamente ele se embebedava após algumas garrafas, hoje, no entanto, bastavam apenas alguns goles. Apesar da idade avançada e de todas as deficiências que sua saúde física vinha apresentando, não concebia a idéia de largar o vício.

Sua filha, penalizada, solicitava ajuda num terreiro de umbanda a um preto velho que acessava, por ela, a história ancestral daquele espírito endividado com as Leis.

Ele havia sido um poderoso senhor de engenho da época escravocrata do Brasil. Dono de imensa quantidade de terras, mantinha uma das maiores plantações de cana-de-açúcar da época naquelas paragens, bem como cerca de meia centena de escravos escolhidos a dedo nas feiras de negros. Apesar de genioso, aquele homem alimentava muito bem seus escravos, com a intenção de que pudessem se tornar negros fortes para servir como burros de carga. Não admitia, porém, desobediência às suas ordens e, quando isso ocorria, fazia questão de puni-los pessoalmente.

Havia estabelecido em suas propriedades a lei de que nenhum produto ali cultivado ou fabricado poderia ser usado ou consumido pelos escravos sem sua ordem prévia. Obviamente, seguidamente escapavam de suas vistas alguns pequenos furtos, principalmente da tão apreciada cachaça, fabricada por eles de maneira especial para ser exportada às terras de Portugal e consumida pelos nobres.

Os pobres negros, cansados da lida, sem direito ao descanso necessário, sorrateiramente, durante o serviço, tomavam alguns goles da bebida tão cobiçada. Um desses acontecimentos foi flagrado pelo filho do patrão, que não tardou em comunicar ao pai, atiçando sua ira. O castigo do escravo foi uma surra, quando se abriram feridas em seu lombo, sendo, em seguida, jogado dentro de um barril com resíduos da cana moída em plena fermentação. Não resistindo às dores, o pobre negro optou por afogar-se naquele líquido nojento e acabar com seu suplício. Sem demonstrar nenhuma pena, o patrão fez questão de proclamar que o fato haveria de servir de exemplo para que a desobediência não se instalasse em suas terras.

A revolta dos negros foi tamanha que não hesitaram em rogar ao patrão as mais desastrosas pragas que suas mentes revoltadas podiam exalar. O ódio daquele castigo impregnou-se nos corações sofridos dos escravos, que ali nada mais conheciam do que o trabalho forçado e os castigos constantes praticados por aquele homem insensível.

Sua esposa daquela época, a mesma de hoje, era conivente e assistia a tudo com a maior frieza, uma vez que o suor dos negros retornava a ela como jóias e finos vestidos. "Negro não tem alma", pensava ela.

Hoje, alguns daqueles espíritos ainda vivem no astral inferior, arraigados ao ódio e à dor, com suas mentes cristalizadas no momento do castigo cruel. Pela irradiação energética de quem reencarna como seu Antônio, endereço vibratório certo por ainda condensar o mesmo materialismo, a mesma agressividade e a mesma falta de perdão, foi ele localizado e transformado em verdadeira esponja absorvente do álcool que tanto valorizava e negava aos negros da época. Induzem-no a embebedar-se e sugam dele o éter que exala, gargalhando e açoitando seu corpo astral quando desdobrado, mostrando-lhe, assim, que o poder de mando se inverteu.

Diante do quadro, o preto velho, tendo ordem superior, respeitando o livre-arbítrio e por merecimento dos envolvidos, movimentou uma falange de antigos escravos, hoje desencarnados e que, por opção, trabalham na vibratória dos pretos velhos, para que pudessem resgatar seus irmãos, retirando-os daqueles bolsões negativos.

Pela força de suas mentes, uma vez que entre eles encontravam-se antigos magos, os espíritos vingativos haviam plasmado no astral inferior uma "cópia" do antigo engenho. No local, além de sujeira e escuridão, o cheiro de álcool era quase insuportável. Mantinham-se alcoolizados, sentindo as chagas dos castigos recebidos ainda na vida física, pelo condicionamento mental de que se nutriam. Uma fiel cópia do corpo astral de seu Antônio, ligada por fios energéticos ao seu próprio, era mantida amarrada a um tronco e constantemente açoitada. Transmitiam, por meio dessa ligação, as sensações de culpa, condenação, dor e, principalmente, a vontade incessante de consumir álcool que despertava em vigília.

Entre as entidades espirituais que ali estavam para prestar-lhe socorro, encontrava-se uma que tivera ligações sangüíneas naquela encarnação com o antigo escravo, hoje chefe daquele local. Foi aquele espírito que, pelo poder mental e com muito amor, transfigurou-se na forma astral antiga, mostrando-se a ele e provocando-lhe emoções adormecidas. Ao avistá-lo, o pobre espírito ajoelhou-se num misto de desespero e alegria e, envolvido em sua aura de luz, transmutou ali mesmo muito de seu ódio, além de sua aparência bestial recoberta por camada energética densa, que mantinha como capa cobrindo seu corpo. Outros também a reconheceram e, emocionados, foram ouvi-la, aceitando seu convite para sair daquele local, do qual já haviam se cansado.

Enquanto a falange de socorristas carregava aqueles irmãos sofridos para os hospitais em dimensão superior, outros espíritos trabalhadores da umbanda atuavam no desligamento e na desmanche daquela estrutura artificial que prejudicava o irmão encarnado. Médicos espirituais tratavam, usando fitoterapia, os corpos físico e espiritual de seu Antônio, tentando aliviar a carga energética densa por ele acumulada em razão dos sentimentos desequilibrados e do vício.

As salamandras foram convocadas para realizar a queima daquele foco, que, posteriormente, foi visitado pelas ondinas, transformando o lugar num ponto apto ao socorro.

A ajuda foi prestada, senão a seu Antônio, que precisaria de conscientização para que as mudanças se processassem de maneira eficaz, àqueles pobres espíritos que fazia mais de século sofriam agarrados ao pior dos sentimentos, o ódio.

Talvez um dia, ainda nessa encarnação, eles mesmos possam prestar auxílio ao antigo algoz, induzindo-o a abandonar o vício. Todos os dias, graças a Deus, o amor transforma e constrói, dando-nos a certeza de que nosso planeta não está condenado a viver muito tempo como local expiatório.

Daquele momento em diante, tudo dependerá do exercício da vontade de seu Antônio, pois, não havendo mudanças, ao desencarnar estarão impressas em seu corpo espiritual, além de todas as características pessoais da última encarnação, também e principalmente as de natureza emocional agregadas ao seu corpo astral. Esse corpo plasmático é o envoltório que sustenta o nosso corpo energético ou etéreo, em que se localizam nossas usinas transformadoras ou chacras.

Do outro somos transparentes. Nada se esconde, nem sentimentos nem pensamentos, e todas as nossas máscaras caem por terra.

Por ainda sermos cegos dos olhos espirituais, ignoramos o imenso benefício que tantas vezes recebemos num único atendimento de preto velho. O que não enxergamos está sendo feito no plano astral, onde se movimentam falanges de benfeitores, as quais desconhecemos.

Saravá a todas as bandas da umbanda!

Resgate

Salve o Filho da cruz!
Salve a todos os filhos de fé!
Num dia em que as hostes celestiais reunidas decidiram que havia se consumado o resgate, intuíram a redentora e, colocando um exército de luminosos espíritos, guerreiros da Luz, à sua disposição, impulsionaram-na a assinar a libertação.

As trevas, da mesma forma, assustadas com tamanha movimentação celestial, resolveram se pôr em guarda para impedir a ação da Luz, fosse para o que fosse. No entanto, tamanha era a força do bem que se haveria de fazer, cegaram e ensurdeceram todos os que na Luz não habitavam e, acuados, recuaram.

Era chegada a hora! Era preciso levar alívio a tanta dor, nas Terras de Santa Cruz! Era o momento de raiar o sol que arrebataria as correntes da ignorância humana, aprisionadora de espíritos que estavam sendo preparados para algo maior. Era a dor do tronco, a dor da humilhação, do ferro e do fogo. Dor que transferia para a carne as impurezas existentes no imo daquelas almas brancas, cuja pele havia nascido escurecida e, por isso, escrava se tornara.

A redentora, iluminada e com um verdadeiro exército de anjos e guardiões, como que hipnotizada pela força do bem, pegou na pena e assinou a liberdade em 13 de maio de 1888.

Libertou negros, mas não libertou as almas daqueles que ainda não compreendiam tanta dor. Trabalho que ainda hoje resta fazer a alguns tantos irmãos que, de mesa em mesa, de terreiro em terreiro, passam buscando o entendimento que se faz aos poucos e com muito amor. Trabalho de preto velho que vem nos visitar fumegando seu cachimbo, amassando suas ervas e que, agachando a coluna dos médiuns, vem dizer-lhes que a verdadeira humildade e a verdadeira libertação estão nas coisas simples. Ora sassaricando e trazendo alegria, ora falando sério e orientando, vem dizer a todos que ainda não encontraram o caminho que a redentora foi o início da liberdade negra, mas que a redenção está dentro de cada filho de fé. Vem mostrar que só há um caminho: o do bem. Sigamos por ele, dobrando-nos para recebê-los, quebrando, assim, nosso orgulho, para que não seja mais preciso nem o ferro nem o fogo.

Salve os pretos velhos! Salve a redentora! Salve Zambi!"

Vovó Benta

Soberba

– Salve zi fia, mana véia de labuta e mandinga! Pois bem, foi solicitado ao meu aparelhinho que fizesse a ponte para uma pequena passagem para os teus escritos. Orientaram-nos claramente que deveríamos clarear as idéias dos filhos sobre a soberba, a arrogância. Dessa forma, este preto velho veio trazer um pouco daquilo que se pode dizer nesse momento. Mana, podemos ficar falando por luas e luas e talvez não chegaremos a um ponto que agrade ao lado de cá e ao lado de lá das águas da vida do Grande Zambi, enquanto ficarmos olhando apenas para a forma e não para a essência. O consenso vai haver quando conseguirmos decifrar uma partícula desse mistério, que é a vida. Quando olhamos nosso irmão, enxergamos sempre a casca. Sabemos identificar a cor dos olhos, ignorando, no entanto, o que eles nos mostram, pois são as janelas do coração.
– Nego quer dizer que, se pararmos para observar uma criança, um curuminho desses que nascem com muita sabedoria, talvez aprenderemos mais do que se lermos dúzias e dúzias de livros. Como? Neles não existe aquilo com que os adultos se preocupam tanto: "ter" e "poder". Os "crescidos", acostumados e conduzidos por esse pensamento durante muitas e longas luas, acabaram se esquecendo da pureza de "ser".

– Sim, mana, esses pequenos nos ensinam a todo instante que tanto o branco quanto o negro, tanto o pobre quanto o rico, qualquer que seja a "classificação" que nosso irmão tenha aos olhos humanos, o que vale é o sentimento, é aquela partícula divina, parte de Sua centelha que nos acende e faz nossas vidas serem o que são. A visão dos pequenos é desprovida de valores materiais e terrenos, portanto, é incapaz de manifestar a arrogância, a soberba. A cada dia que passa deveríamos aprender mais com eles, porém, infelizmente, acabamos fazendo-os perder a capacidade de sentir a pureza, de ver o que não podemos mais ver, ou seja, destruímos neles aquilo que poderia ser nossa salvação. Então, mesmo sabendo que muito se tem falado por intermédio de passagens astrais, muito se tem pregado sobre o amor e também sobre a espiritualidade, é preciso reforçar sempre que esse sentimento, o da soberba, se fez por enrijecimento e desistência de alguns propósitos reais da vida, de muitos e por muito tempo. Por isso é que esse nego velho vem apenas para deixar nessa pequena dita um chamamento de atenção: observem e aprendam com os pequenos, pelo muito da grande verdade do Universo que nos ensinam se soubermos conviver com eles. Não é lícito preferimos deixar passar em branco esses ensinamentos, pela teimosia de nos acharmos sempre certos na forma de viver. É hora de entender nossa pequenez diante da grandeza do Universo e entender que fazemos parte de algo muito maior do que as fronteiras deste pequeno, bonito, mas descuidado planeta. Para ir além dessas fronteiras cósmicas, precisamos deixar que o sentimento nefasto da soberba seja consumido pelo amor incondicional que a tudo transforma. Sejamos crianças. Amemos sem cobranças, amemos apenas por amar, com a simplicidade como as crianças o fazem, assim como nos instruiu o Grande Mestre.

– Saravá, vó Benta! Saravá, Umbanda Sagrada! Saravá a todos os Orixás! Saravá a todas as bandas que fazem o bem pelo bem!

Nego Tião[1]

---

1 — Nego Tião: entidade que atua como preto velho por intermédio do médium Luis Marcelo Marquesin, na mesma casa de caridade onde trabalha vovó Benta, a Sociedade Fraternal Cantinho da Luz, de Erechim, RS.

"O bem e o mal que fazemos decorrem das qualidades que possuímos. Não fazer o bem quando podemos é, portanto, o resultado de uma imperfeição. Se toda imperfeição é fonte de sofrimento, o Espírito deve sofrer não somente pelo mal que fez como pelo bem que deixou de fazer na vida terrestre" *Céu e Inferno* – Allan Kardec – 1ª parte - Capítulo VII - Item 6.

Causos de Umbanda - Vol. 2
VOVÓ BENTA / LENI W. SAVISCKI
Formato 14 x 21 cm • 184 p.

Depois do sucesso de *Causos de Umbanda*, primeiro volume, Vovó Benta abre nova janela para trazer a seus leitores a sabedoria milenar dos pretos velhos, a serviço da caridade pura que é o objetivo maior da umbanda.

Desfila nas páginas desta obra uma verdadeira amostragem dos sofrimentos e anseios da humanidade, sintetizados em quadros vívidos ambientados nos terreiros. São espelhos onde cada um poderá ver refletidas as indagações silenciosas de seu espírito, as dúvidas e inquietações da existência, que encontrarão resposta nos amorosos conselhos da sabedoria dos terreiros.

Mensageiros das mais altas hierarquias do mundo invisível, alguns deles disfarçados de humildes pretos velhos, descem ao plano terrestre para consolar, curar e desfazer magias, colocando as criaturas de volta no caminho da evolução. A sabedoria que transparece em suas intervenções deixa entrever os grandes magos e sublimes iniciados do amor que muitos deles são.

A face da verdadeira umbanda – mágica, mística, singela – reflete-se nesta obra, pronta a cativar novamente o espírito do leitor, como o dos milhares de entusiastas da primeira série de *causos*.

CAUSOS DE UMBANDA
foi confeccionado em impressão digital, em abril de 2024
CONHECIMENTO EDITORIAL LTDA
(19) 3451-5440 — conhecimento@edconhecimento.com.br
Impresso em Luxcream 80g – StoraEnso